Via Mario Greco, 159; I - 88100 Catanzaro
Info für Deutschland 089-69371987

Übersetzung ins Deutsche von Gandolfi & Rihl

Ich widme dieses Buch niemandem, da ich Widmungen nicht mag.

"Tu' nie, was dir nicht gefällt, sofern dies keine ernsten Folgen hat":
Das ist eine der wichtigsten Richtlinien für ein glückliches Leben.

Omar Falworth

Die Kunst,
glücklich zu leben

oder

Sich kennen
sich akzeptieren
sich verbessern

edizioni
ESSERE FELICI

Bücher für ein besseres Leben

DAS ABENTEUER DES LEBENS

Dieses Buch hat kein Inhaltsverzeichnis.
Seine Seitenzahlen haben sich selbständig gemacht und wandern irgendwo durch die Welt.
Seine Aufmachung ist - gelinde gesagt - eigenartig.
Die Zeichensetzung ist ohne jeden Zweifel unvernünftig.
Seine Druckfarbe wechselt dauernd.
Bei der Lektüre wird der Leser nicht selten von Unannehmlichkeiten und von Überraschungen gestört:

Und wozu das Ganze?

Weil all das dazu dient, die Kunst des glücklichen Lebens zu erlernen.

Oder klarer gesagt: ....(Die Wolke, die den Himmel des Glücks am meisten verdunkelt, ist *'die Angst vor dem Neuen'*)
Wer diese Angst in sich hat, vermeidet, Dinge zu tun, die er noch nie getan hat, Erfahrungen zu machen, die er noch nie gemacht hat, hinzugehen, wo er noch nie gewesen ist, ... er meidet es also, sich neuen Horizonten zuzuwenden.
Weil er kein Risiko eingehen, kein Geld auf's Spiel setzen, sich nicht aus dem Konzept bringen lassen will, weil er sich davor scheut, Unsicherheit und Angst zu empfinden.
Aber wenn er sich so verhält...
... wird er nur schwerlich seine besten menschlichen Eigenschaften zu entwickeln vermögen...
... schwerlich als Persönlichkeit wachsen...
... schwerlich lernen, sich zu freuen, kreativ zu sein, zu lieben...und Liebe zu wecken.
Und ade, glückliches Leben!

Die Angst vor dem Neuen ist einer der erbittertsten Gegner des Glücks: Man muß gegen ihn kämpfen, ... um ihn auf das gebührende Maß zu reduzieren, ... um seine Kraft zu vermindern, ... um ihn zu schwächen.
Um dieses Ziel zu erreichen, gibt es eine sehr wirksame psychologische Strategie: **Sich an das Neue zu gewöhnen.**
Sich daran zu gewöhnen, etwas riskantere Dinge zu unternehmen.
Sich daran zu gewöhnen, neue Orte zu sehen, neue Leute zu treffen, neue Gefühle zu empfinden, neue Aromen zu schmecken.
Sich daran zu gewöhnen, auf Programme, auf Garantien, auf Sicherheiten zu verzichten.
Kurz, sich daran zu gewöhnen, Türen zu öffnen, ohne schon im voraus zu wissen, was sich in dem Raum dahinter befindet.

Ein Buch ohne Seitenzahlen und Inhaltsverzeichnis zu lesen, jedoch mit vielen Eigenheiten, die uns neu sind, ist eine hervorragende Hilfe, um sich bestens zurecht-zufinden, wenn man sich auf dem Weg verläuft, ...
... wenn man sich im Leben verläuft.

Dieses Buch ist eine Reise, eine interessante Reise, eine abenteuerliche Reise.
Wäre es ein normales Buch, so wäre es nur ein angenehmer, erfreulicher, aber unnützer Spaziergang zwischen Zeilen und Silben.
Es würde nicht dazu dienen, im Kopf seines Lesers die ungenierteste Tochter des Glücks entstehen zu lassen: *Die Fähigkeit, sich ans Neue zu gewöhnen*..............
Es wäre unnütz.

Auch das Leben ist eine Reise, eine interessante Reise, eine abenteuerliche Reise. Aber wer vor dem Neuen Angst hat, - und daher für das Abenteuer wenig übrig hat -, was macht er?
Er baut sich ein bequemes Schloß aus Gewohnheiten....
er hebt ringsherum einen Graben aus Sicherheiten aus....
er befestigt es mit kurzfristigen und langfristigen Programmen....
und... dann schließt er sich darin ein.

Aber wenn er das tut, lebt er nicht!
Weil das Leben ein Abenteuer ist, ein großes Abenteuer, ein wunderschönes Abenteuer.
Leben bedeutet, immer neugierig zu betrachten, zu erforschen und in alles auf der Welt seine Nase zu stecken,
und zu staunen über das, was man kennengelernt hat,
und sich zu wundern über das, was man entdeckt hat,
und sich über sein eigenes Erstaunen und über sein eigenes Verwundern zu freuen.

Leben bedeutet Werden.
Bedeutet, heute anders zu sein als gestern, anders als morgen.
Bedeutet, heute mehr zu sein als gestern, weniger als morgen.
Es bedeutet, heute besser zu sein als gestern, schlechter als morgen.

Und das alles kann nicht zum Blühen kommen, wenn man aus Angst vor dem Neuen...
seine eigenen Erfahrungen beschränkt,
seine eigenen Kenntnisse begrenzt,
sich der sicheren und bequemen Leere des Täglichen ergibt
und... es zuläßt, 'gelebt zu werden'.

Dieses Buch hat kein Inhaltsverzeichnis.
Seine Seitenzahlen haben sich selbständig gemacht und wandern irgendwo durch die Welt.
Seine Aufmachung ist - gelinde gesagt - eigenartig.
Die Zeichensetzung ist - ohne jeden Zweifel- unvernünftig.
Seine Druckfarbe wechselt dauernd.
Bei der Lektüre wird der Leser nicht selten von Unannehmlichkeiten und von Überraschungen gestört:

Und wozu das Ganze?
Weil all das dazu dient, die Wolke zu zerstreuen, die den Himmel unseres Glücks verdunkelt: *'Die Angst vor dem Neuen'*.
Es dient dazu, die psychologischen Bremsen zu lösen, die uns an unser Sicherheitsdenken fesseln.
Es nützt uns; um uns von uns selbst zu befreien.

Weil unser Herz frei sein muß, den Kopfsprung in die Welt zu wagen.
Nur so kann es ein enger Freund des Glücks werden.

Nur so kann es uns Flügel verleihen.

Das Leben ist wie das Meer:
Entweder betrachtet man es vom Ufer aus,
oder man segelt auf ihm
und genießt seine unermeßlich vielen Schönheiten,
auch wenn man dabei Gefahr läuft,
in einen Sturm zu geraten.

SO VIEL ZEIT WIE MÖGLICH SEINEM EIGENEN GLÜCK WIDMEN

Hallo!

Ich bin der Gedanke, der dieses Buch geschaffen hat... und ich duze dich von Anfang an.

Während deines Abenteuers auf diesen Seiten werde ich dich immer duzen, und manchmal sehr vertraut: Als ob wir uns seit Jahrhunderten kennen würden.

Ich möchte dir alles schenken, was ich über den menschlichen Geist, über das Leben und über die Kunst des 'Fliegens' weiß. Aber vor allem will ich dich an meiner Seele teilhaben lassen.

Das wird, wie ich glaube, mehr dazu beitragen, dein heutiges Maß an Glück zu vergrößern, als meine wunderschönen Kenntnisse und guten Vorschläge.

Warum?

Weil es dir die nötige moralische Kraft geben wird, um den schwierigen Kampf gegen den schrecklichsten Feind deines Glücks zu gewinnen: Dich selbst.

Ich würde es nie fertigbringen, Dir mein Bestes zu geben, wenn ich dich siezen würde.

Das Du bringt die Menschen einander näher. Das Du verbindet. Es wärmt.

Das Du zeigt mehr Menschlichkeit, ist brüderlicher, liebevoller.

Es ist schöner.

Wenn du den anderen deine schöne Fassade zeigen willst, gebrauch' das "Sie" und denk', bevor du redest.

Wenn du deine Seele enthüllen willst, verwende das Du und sprich, ohne zu denken.

Ich duze dich, weil ich mich danach fühle, es zu tun - und so tu' ich es.
Wenn ich mit einem anderen Gedanken Verbindung aufnehme und mit ihm eine tiefe Beziehung haben möchte, versuche ich, mich zu öffnen und mich so transparent zu zeigen wie irgend möglich.
Gleich jetzt fangen wir beide an, den Weg unserer Freundschaft einzuschlagen, und ich wünsche, daß es eine schöne Freundschaft wird. Deshalb duze ich dich ganz ungeniert, deshalb spreche ich mit dir aus ganzem Herzensgrund.
Aber glaub' bitte nicht, daß es mir leicht wird, so frei von der Seele weg zu sprechen. Ich muß immer gegen einen boshaften kleinen Geist in meinem Inneren kämpfen, der mir einflüstert: "*Omar, paß' auf, was du schreibst, und wie Du's schreibst, sonst wirst du den Leuten nicht gefallen, sonst wird dein Buch nicht ankommen*".

Vielleicht schießt auch dir manchmal durch den Kopf, du wirst den Leuten nicht gefallen, wenn du einfach nur du selber bist, und wirst deshalb die Wertschätzung der anderen verlieren.
Bekämpfe diesen grauen Gedanken! Besiege ih!
Und zeige ganz ruhig deine innerste Seele.

Versuch es mal!
Es wird dir nichts passieren, du wirst sehen.
Niemand wird dich an den Marterpfahl binden, weil du gewagt hast, es zu tun.
Und wenn dir Zweifel kommen, etwa: "*Was werden die Leute wohl von mir denken?*", schicke sie zurück an den Absender, das heißt, an jene dunkle Stelle in dir, wo dein wahres Ich gefangen gehalten wird.

Ich duze dich, weil ich mich danach fühle, es zu tun - und so tu' ich es.
Und mit dem Du gebe ich dir meine moralische Kraft, meine Beständigkeit, meine Beharrlichkeit, meine Heiterkeit, meine Fröhlichkeit, mein Glück, aber vor allem meine grenzenlose Liebe für's Leben.
Während deines Abenteuers zwischen diesen Seiten versuch' diese engen Freunde meines Herzens zu erfühlen, nimm sie und leg' sie in deines.
Und schon wirst du viel über die Kunst des glücklichen Lebens lernen.

Und du wirst lernen, deine Tage in leuchtendem Blau zu sehen.

Wer sein wahres Ich erstickt, begeht Selbstmord.

Was ist das Leben?
Ein kurzer Einschub zwischen Geburt und Tod?
Ein Augenblick zwischen zwei Ewigkeiten ?
Ein vergänglicher Aufenthalt auf der Erde, während man auf das Himmelreich wartet?

Was bedeutet leben?
Seine Zeit, seine Intelligenz, seine Energien dem Gewinn und dem Erfolg widmen?
Das Leben "bis zum Geht-nicht-mehr" genießen, ohne Vorhaben, Pläne, besondere Ziele?
Sich bemühen, ein edles Ziel, ein erhabenes Ideal zu verwirklichen?

Wie du siehst, sind alle Antworten gut: die philosophischen, die religiösen, die moralischen, die genußsüchtigen, kurz, ... eine jede, ... wenn sie nur ein einziges, ... kurzes, einfaches, aber sehr wichtiges Wort enthält: Das Wort "glücklich".

LEBEN HEISST... GLÜCKLICH LEBEN.

Du kannst dein Leben unter dem Gesichtspunkt des Genusses sehen und es um seiner selbst willen leben ....
... du kannst ihm einen Wert für die Gesellschaft geben und es dem Fortschritt der Menschheit widmen..
... du kannst es der Menschenliebe dienstbar machen und es unseren leidenden Brüdern aufopfern ...
... du kannst es als Vorbereitung für das ewige Leben betrachten ...
... aber wenn du es nicht glücklich lebst, kannst du es nicht Leben nennen.

Das Leben muß von Natur aus glücklich sein ... so, wie die Sonne warm ist... wie der Himmel blau ist, und das Wasser durchsichtig.

Je glücklicher man ist, desto lebendiger ist man. Je weniger glücklich man ist, desto weniger ist man lebendig.
Glücklich sein heißt gesund sein, unglücklich sein bedeutet krank sein.

Du wirst mir vielleicht antworten: *"Ja, Omar, du hast ja recht, Omar. Aber glücklich zu leben ist schwierig, verflucht schwierig!"*

Das ist nicht wahr! Das ist nicht wahr!
Glücklich zu leben ist leicht: Viel leichter, als du dir vorstellen kannst.

Das Leben ist weder schwer noch leicht, ... es ist neutral. Wir selbst machen es uns schwierig.

Das Leben ist weder häßlich noch schön, ... es ist neutral. Wir selbst verderben es uns.

Das Leben bietet uns unendlich viel Freude. Wir selbst sind es, die sie nicht erkennen und ihr unser Herz nicht öffnen.

Nicht weil du Pech gehabt hast, oder weil es das Schicksal so wollte, oder weil andere daran schuld sind, ist dein Leben im Augenblick nicht recht glücklich,
Du bist es, der ihm - ohne dir darüber klar zu sein - sein nervöses und lustloses Aussehen gegeben hat, welches es im Augenblick bietet.
Aber wenn es dir nicht gefällt, bist wiederum du derjenige, der es wieder lebendig machen kann, der ihm von neuem den Himmel des Glücks aufschließen kann.

Wie?

Indem du die Kunst erlernst, glücklich zu leben.
Aber nicht, während du an der roten Ampel wartest, oder im Café zwischen einem Kaffee und einem Blick auf die Uhr, oh nein, sondern indem du ein schönes Stück deiner Zeit auf dieses Unternehmen verwendest.

Versuche, soviel Zeit wie möglich für dich selbst zu verwenden:

Um besser zu werden, um deine Persönlichkeit zu entwickeln, um dein Leben besser zu machen.
Zwack' ein bißchen Zeit von deiner Arbeit ab.
Verwende die toten Zeiten deines Tages darauf.
Nimm sie weg vom Samstag, vom Sonntag, vom Schlaf.
Schaff' sie dir. Erfinde sie. Kauf' sie dir.
Tu, was du willst. Such' dir die Zeit, wo du willst.
Aber finde sie. Und finde genug davon.

Nur so kannst du dem Leben seine weißen Flügel zurückgeben.

Zum Teufel damit, immer mehr zu arbeiten, um immer mehr Geld zu haben, immer mehr Annehmlichkeiten, mehr Erfolg, mehr Ansehen, mehr Sicherheit.
Zum Teufel mit deinem sozialen Engagement, dem Shopping, den Filmen am Fernsehen, und mit all den Dingen, die dir nicht dabei helfen, dir statt deiner heutigen Existenz ein wundervolles Leben zu schaffen.

Ciao!

Heute bemüht man sich um alles -
außer um das Wichtigste im Leben...
glücklich zu sein.

Oft und richtig lesen

Hast du dieses Buch aus Neugier gekauft?......... Hast du die Absicht, es zu lesen, um dich von den quälenden Sorgen des Alltags ablenken zu lassen?..... Willst du es benutzen, um leichter in die Arme des Schlafes zu gleiten?.......

... Wenn es so ist, dann lies es wie üblich, lies nur manchmal darin, lies es zerstreut, lies es nur einmal.

Hast du dieses Buch gekauft, um deinen Geist in rosa Glückstönen zu färben?

Ist es so, dann lies es oft, lies es mit Aufmerksamkeit, mehrmals und immer nochmal.

Dieses Buch ist ein guter Führer.

Es kann dir die Augen öffnen und dich einen viel weiteren Lebenshorizont erblicken lassen als den, welchen du heute siehst.

Es kann bewirken, daß du (in einiger Zeit) mehr lächeln, dich mehr freuen wirst, daß du anfangen wirst, oft gutgelaunt und sorglos spazierenzugehen.

Es kann dazu führen, daß deine persönlichen Beziehungen befriedigender und deine Zweierbeziehung schöner wird.

Es kann dich liebenswerter machen und dir so mehr Liebe, mehr Zuneigung und mehr Wertschätzung verschaffen.

Es kann dich wirklich den Himmel erreichen lassen.

Du mußt es aber oft lesen, sehr oft, wahnsinnig oft.
Und immer öfter, immer noch öfter, öfter, öfter.

Das hier ist nicht irgendein x-beliebiges Buch, es ist kein Meteor, der durch deinen Geist geht, ohne irgend etwas zu bewirken. Es ist etwas - glaube ich - das das Licht deines Lebens wiederentzünden wird.

Lies es nicht wie die anderen Bücher, ich bitte dich!... Du würdest dich sonst nur undeutlich daran erinnern......... In deinem Gedächtnis würde nur ein unklares und oberflächliches Sammelsurium von dem zurückbleiben, was du gelesen hast.
Und bald hättest du alles vergessen.
Und dein Leben würde es tief bedauern, die große Gelegenheit verpaßt zu haben.

Dieses Buch ist ein gutes Buch.
Es ist schön zu lesen, es entspannt, es belehrt, es macht sogar Spaß. Aber es ist vor allem ein Buch, das zu wachsen hilft: Es steigert dein Glücksgefühl.

Möchtest du gerne einige nette Stunden mit meinen Gedanken und meiner Seele verbringen? ....
... Wenn es so ist, lies es, wie du willst.

Möchtest du die Kunst lernen, glücklich zu leben?...
... Dann lies es oft, lies es mit Aufmerksamkeit, lies es mehrmals. Aber vor allem lies es mit dem Herzen.

Alle können mit dem Geist und den Augen lesen,
aber nur wenige mit dem Herzen.

Jeder Tag ist ein neuer Tag: Ein ganzer Tag zu erfinden, zu erleben, zu genießen. Die Morgenröte stellt ihn auf die Bühne deines Lebens und entschwindet.

Der neue Tag ist dein, er gehört dir, niemand kann ihn dir wegnehmen. Du kannst aus ihm machen, was du willst. Du kannst ein Kunstwerk daraus machen oder ein Fiasko. Denn du bist Drehbuchautor und Regisseur und Hauptdarsteller.

Aber vielleicht bist du an dem Schauspiel deiner Tage nicht direkt beteiligt, bist einfach ein Zuschauer.

Das Leben besteht aus vielen neuen Tagen: Alle sind zu erfinden, alle sind zu erleben, alle sind zu genießen.

Erhebe dich vom Sessel in der ersten Reihe, und steig' auf die Bühne. Du selbst mußt Autor, Regisseur und Hauptdarsteller deiner Tage sein.

DU SELBST MUSST DEINES EIGENEN LEBENS KUNSTWERK SCHAFFEN.

Du selber mußt dein Leben führen, nicht dich von ihm führen lassen.

Und mach dir keine Sorgen, wenn du es nicht schaffst, für dein Leben den Oscar zu gewinnen.

Wichtig ist, daß du guten Willen, Mühe, Beharrlichkeit, ein bißchen Kreativität und sehr viel Liebe darauf verwendest, wichtig ist, daß du dich an den Augenblicken freust, während deren du versuchst, dein Leben zu bauen...

... wenn es so ist, dann wird dein Werk - dein Leben - ein Kunstwerk, dann wird... es glücklich sein....

... Auch wenn es dir nicht so gut gelingen sollte.

... Auch wenn es nicht gefallen sollte.

... Auch wenn es keinen Anklang finden und dir keinen Reichtum verschaffen sollte.

Glücklich leben ist eine Kunst,... und die Kunst schafft um des Schaffens willen, existiert um ihrer selbst willen.

Glücklich leben ist eine Kunst. Die Kunst ist der Gedanke.

Glücklich leben ist die Kunst des Denkens.

Leben bedeutet lieben, vor allem das Leben lieben.

Denk' daran:

UM GLÜCKLICH ZU LEBEN, MUSS ICH SO VIEL ZEIT WIE MÖGLICH MEINEM GLÜCK WIDMEN

Willst du etwas Gescheites tun?

Wenn du ausgehst, nimm dieses Buch mit und lies es auf's Geratewohl, wenn du nichts zu tun hast.

Auf jeder Seite stehen fettgedruckt nützliche Sätze, die dir helfen, besser zu werden. **Je öfter du sie liest, desto besser wirst du sie dir merken... und desto glücklicher wirst du werden.**

DAS GLÜCK UND DAS UNBEKANNTE

Als du dieses Buch gekauft hast, hast du sicher gedacht: *"Na, wer ist denn das, Omar Falworth?*
Von dem habe ich noch nie etwas gehört.
Jetzt schau' ich mal auf dem Umschlag oder innen nach und versuche herauszufinden, wer das ist." .... Aber du hast nichts über mich gefunden.

Da ist auch kein Druckfehler passiert... ich selber habe dem Verleger gesagt, er solle keine Auskünfte über mich aufnehmen.

Warum ?

Weil ich möchte, daß du die Kunst lernst, glücklich zu leben.

Oder besser gesagt:

Um glücklich zu leben, mußt du den psychologischen Zustand erreichen, daß du nicht zu viele vertrauenerweckende Informationen über die Leute brauchst, mit denen du umgehst.

Das heißt: Mich zu lesen, ohne zu wissen, wer ich bin, wo ich wohne, was ich mache, wie alt ich bin, was für eine Ausbildung ich habe, welche Aufgaben ich bekleide, und anderes nutzloses Zeug dieser Art, wird dich diese ausgezeichnete Gewohnheit annehmen lassen.

Na hör' mal, was interessiert dich, zu erfahren, wie alt mein Körper ist, wo er wohnt, was er macht? Das Wichtigste ist, daß du mich kennst, mich als Gedanken.

Und wir Gedanken haben kein Alter, kein Geschlecht, keinen Personalausweis.

Wir Gedanken wohnen an keinem besonderen Ort der Erde. Wir haben keine Nationalität. Wir sind nicht Einwohner einer Stadt.

Für uns Gedanken spielen weder akademische Titel eine Rolle, noch Ehrenämter oder Lehrstühle an den besten Universitäten. Das einzig Wichtige für uns ist, durch die Welt zu gehen, andere Gedanken kennenzulernen, ihnen unsere Ideen, unsere Gefühle, unsere Erfahrungen anzubieten... und unseren eigenen Horizont durch ihre Ideen, Gefühle und Erfahrungen zu weiten.

Deshalb lege ich dir nahe...
überwinde dein Bedürfnis zu erfahren, wer ich bin, und bemühe dich, das Beste von mir zu nehmen und es dir anzueignen.
So wirst du dich daran gewöhnen, dich ebenso gegenüber den neuen Leuten zu verhalten, die du kennenlernen wirst.
So wirst du viele begeisterte Freunde gewinnen.
So wirst du lernen, zu 'fliegen'.

Vielleicht bist auch du jemand von den Leuten, die großen Wert auf Bücher legen und es lieben, sie sauber, elegant und unberührt zu halten.
Aber laß' doch solche Dummheiten bleiben!
Dieses Buch hier existiert nicht, um zur Schau gestellt zu werden. Es ist ein Freund: Ein lebendiges, dynamisches, ein vor Kraft pulsierendes, ein schelmisches Buch. Laß' es doch immer dabei sein, laß' es in deinem Wagen, nimm es auch auf's Klo mit!
Wirf es dahin und dorthin! Nimm's her! Knick' es, knautsch' es, mach' es schmutzig! Verschmier'es !
Kauf' dir einen Leuchtfarbenmarker und mal' an, was dich am meisten beeindruckt hat, was du am nützlichsten findest.
Mach' dir dein persönliches Exemplar! Leb' dieses Buch! Schreib' es voll! Mach' es dir zu eigen!
Und es wird mehr Wirkung haben.
Und es wird dich ein bißchen zufriedener machen!

DER WERT DER EINFACHHEIT

Ich hatte schon dreißig Seiten dieses Buches geschrieben, aber auf Seite einunddreißig stoppte ich alles.

Ich erinnerte mich an die großen Schwierigkeiten, auf die ich vor Jahren stieß, wenn ich Bücher über praktische Psychologie las. Ich erinnerte mich an die abstrusen Begriffe, in die ich mich verwickelt hatte, und an die viel zu vielen psychologischen Fachausdrücke, die ich nicht hatte verstehen können...... Aus diesem Grund entschied ich mich, einfach, einfacher, am einfachsten zu schreiben, in einer Art und Weise zu schreiben, daß selbst ein halber Analphabet von meinen Gedanken, meinen Ideen, meiner Seele würde profitieren können.

An diesem Punkt packte meinen boshaften kleinen Geist die kalte Wut.

"Schreib nicht so einfach, Omar ! Tu's nicht! Seit eh' und je schreiben die Psychologen eine gewählte Sprache, beschreiben ihre Theorien mit Fachausdrücken, verwenden einen wissenschaftlichen Wortschatz. Wenn du einfach schreibst, werden die Leute nicht an dich glauben, werden dich nicht schätzen, werden dir nicht die Achtung zollen, die du verdienst.....und dein Buch wird keinen Erfolg haben. Schreib nicht einfach, Omar, ich beschwöre dich, schreib einen intellektuellen Stil! Versuch' nicht, deinen eigenen Kopf durchzusetzen, hörst du!"

Aber ich habe nicht auf ihn gehört.

Ich habe alles, was ich schon geschrieben hatte, noch einmal durchgelesen, und ich habe es in einfache Sprache "übersetzt", sehr, sehr einfache Sprache.

Die wichtigsten Quellen, woraus ich geschöpft habe, um meine *"Einfache, angewendete Psychologie für ein glückliches Leben"* zusammenzusetzen, sind :
die Erkenntnistheorie,
die Verhaltenstheorie,
die humanistische Psychologie,
die Persönlichkeitstheorie von Rogers,
die dynamische Psychologie.

Ich habe auf jede Art und Weise versucht, die psychologischen und philosophischen Begriffe, die ich benutzt habe, in die einfachste Umgangssprache zu übersetzen.... dasselbe gilt für den wissenschaftlichen Wortschatz.

Die größte Genugtuung wird es mir sein, wenn mir jemand sagen wird: *"Ich hätte nie gedacht, daß die Psychologie des Glücks so einfach zu verstehen und in die Praxis umzusetzen ist"*.

Ich habe dieses Buch aus verschiedenen Gründen geschrieben, aber der wichtigste Grund war der, meinen Brüdern meine Gedanken, meine Begriffe, meine Ideen zur Verfügung zu stellen.

Diese nämlich haben mir - dank zwanzig Jahren des Lernens und der Erfahrung - erlaubt, ein hohes Maß an Glück zu erreichen.

Ich bin mir der Subjektivität und Relativität aller Dinge bewußt, weshalb ich mir nicht anmaße, irgendjemandem irgendetwas beibringen zu wollen. Wenn jedoch meine Ideen und meine Ratschläge auch nur einen einzigen Menschen ein bißchen glücklicher zu machen vermögen, kann ich sagen, daß ich mein Ziel erreicht habe.

Von der Eintönigkeit des Alltags gefangen, von Politikern und Industriellen manipuliert, von den Massenmedien geängstigt und vom Fernsehen vergiftet, verlieren sich Millionen von Menschen selbst aus dem Blick und leben recht unglücklich.
Und ihr Leben geht vorüber.

Ich wünsche mir, daß dieses Buch einigen von diesen Leuten helfen kann, sich dieser Tatsachen bewußt zu werden, und sie mehr über die echten Werte des Lebens nachdenken läßt.

Willst du etwas Gescheites tun?

L i e s l a n g s a m e r.

Überwinde deine Gewohnheit, schnell zu lesen.

Beherrsche deine Lust, so schnell wie möglich weiterzukommen, um zu erfahren, was für interessante Sachen da noch kommen.

L i e s l a n g s a m e r.

DAS LEBEN HOCHSCHÄTZEN

Das Glück zu leben

Leben...
mit Nervosität im Leib, mit Kummer im Kopf, mit dem Tod im Herzen... aber leben;
betrübt sein, leiden, verzweifelt sein... aber leben.

Leben...
ohne geschätzt zu werden, ohne verstanden zu werden, ohne geliebt zu werden... aber leben;
Ohne jemand, der uns den Weg erleichtert, ohne rosige Zukunft, ohne jegliche Sicherheit... aber leben.

Leben...
mit hundert lästigen Ängsten im Herzen, mit tausend schlechten Gedanken im Kopf, mit dem schrecklichen Gedanken, daß alles umsonst ist... aber leben;
ohne zu wissen, was man machen könnte, ohne zu wissen, in welche Richtung man gehen soll... aber leben.

Weil das Leben keine Sicherheiten braucht, keinen Wohlstand verlangt, weder viel Gesundheit noch viel Liebe, weder großes Ansehen noch irgendeine Sicherheit. Leben bedeutet sein, bedeutet lieben.

Und man kann auch mit wenigen Krumen leben.

Und man kann alles lieben, obwohl man nichts besitzt.

Das Wichtigste im Leben ist .... zu leben.

Oft an das denken, was man schon hat.

Du bist guter Laune, wenn dir etwas Schönes passiert, etwas, das dich gewinnen läßt:
Geld,
oder Zuneigung
oder Liebe
oder Wertschätzung
oder Sicherheiten (reale, psychologische, zukünftige).
Aber du bist guter Laune besonders dann, wenn in deinem Geist etwas Schönes passiert, das dich gutgelaunt sein läßt, ... etwas, das nichts mit Verdienst und Vorteilen zu tun hat... etwas, das aus dem Gedanken entsteht, dem ganz einfachen Gedanken: Die Zufriedenheit.

Wahrscheinlich gibt es in dieser Phase deines Lebens nicht viele positive Vorkommnisse, die in dir gute Laune erwecken können, indem sie dich an einen Gewinn denken lassen...
und dein Geist leidet unter dem Mangel an dieser lebensnotwendigen Nahrung...
und er beschert dir tausend Spritzer Unzufriedenheit am Tag.

Was mußt du also tun, um große Bündel von Zufriedenheit zu pflücken und sie in dein Herz zu legen?
Du mußt in deinem Inneren mehr gute Laune schaffen.
Du mußt soviel gute Laune wie möglich aus dem riesengroßen Ofen ziehen, den dein Geist darstellt.

Wie das geht?
INDEM DU DAS HOCHSCHÄTZT, WAS DU SCHON HAST.

Du hast schon ungeheuer viele Dinge, die dich während deines Tages vor Freude Luftsprünge machen lassen sollten. Du mußt nur die hervorragende Gewohnheit annehmen, so oft wie möglich an sie zu denken.

Du hast zum Beispiel dein Leben...

... Du hast es immer bei dir, ... in dir, ... in all deinen Zellen,... in deinem Geist, in deinem Herzen, in deiner Seele.......... und es hat einen unendlichen Wert. Der Gedanke, es zu besitzen, könnte dich vor guter Laune platzen lassen - aber du wirst dir seines Wertes selten bewußt.

Würdest du es gern mehr schätzen? ...

Wärst du gerne einen großen Teil deines Tages guter Laune? Dann mach' dir oft diese höchst einfache Einsicht zu Nutze: Jeden Morgen, sobald du aufstehst, während du dich wäschst, während du frühstückst, denk' wie folgt:

Morgengedanken

Heute muß ich guter Laune sein: Den ganzen Tag, weil ich noch lebe.

Wie viele Leute sind heute Nacht gestorben!?

Wie viele Leute, die lebendig und gesund waren, sind zwischen gestern und vorgestern an einem Herzschlag, an einem Ictus oder von Blechen eines Autos zerquetscht, gestorben?

Ich nicht.

Ich lebe noch.

UND DESHALB WILL ICH HEUTE DEN GANZEN TAG EIN GEFÜHL DER ZUFRIEDENHEIT EMPFINDEN.

Heute muß ich guter Laune sein: Den ganzen Tag, weil es mir gut geht.

Wie vielen Leuten ist es heute nacht nicht gut gegangen?
Wie viele Leute haben sich zwischen gestern und vorgestern eine schwere Krankheit zugezogen?
Wie viele Leute haben in den letzten zehn Tagen das Augenlicht oder das Gehör eingebüßt, oder können irgendwelche Körperteile nicht mehr gebrauchen?
Und sie würden gerne das sehen, was ich gerade sehe, die Geräusche vernehmen, die ich gerade höre, oder auf ihren eigenen Beinen ausgehen, wie ich es bald tun werde. Sie wären unglaublich froh.
Sie gäben alles, was sie besitzen, um solche einfache Dinge zu haben, wie ich sie habe, und die ich nicht schätze. Ich habe sie. Mir geht es gut.
DESWEGEN WILL ICH HEUTE DEN GANZEN TAG EIN GEFÜHL DER ZUFRIEDENHEIT EMPFINDEN.

Ja, ich habe einige gesundheitliche Probleme, einige lästige Beschwerden, aber nichts Ernstes, nichts Lebensgefährliches, nichts, was meine Gesundheit schwer zerrütten könnte.
Ja, ich würde Geld brauchen, es gibt ein paar Probleme mit den Leuten in meiner Umgebung, aber nichts, was gefährlich für mein Augenlicht, für mein Gehör oder für die Funktion irgendwelcher Körperteile sein könnte.
DESHALB WILL ICH HEUTE DEN GANZEN TAG EIN GEFÜHL DER ZUFRIEDENHEIT EMPFINDEN.

(Das bedeutet nicht, dafl ich mich über das Unglück anderer freue, sondern daß es mir hilft, nachzudenken und das zu schätzen, was ich schon habe.)

> *Der besitzt viel,*
> *der das Wenige zu schätzen weiß, was er hat.*
> *Wer viel besitzt und es nicht zu schätzen weiß,*
> *hat wenig.*

Oft an die Schönheit des Lebens denken

Vielleicht passiert es auch dir oft, daß dein Tag voll von unvorhersehbaren Ereignissen und Schwierigkeiten ist, ... und also bist du überzeugt, daß dies ein schlechter Tag sei.

Spar' dir diesen sehr banalen Fehler!
Es existieren keine guten oder schlechten Tage.
Die Tage sind alle wertfrei.
Du selber kannst sie schön oder schlecht machen. Du kannst sie schön machen, indem du jedesmal, wenn ein Tag nicht in die richtige Richtung zu gehen scheint, sofort folgendes denkst:

— Bringt das, was mir gerade an Schlimmem passiert, mein Leben in Gefahr?
— Nein.
— Dann ist es nichts Schlimmes, ist eine Kleinigkeit.
Auch wenn der Schaden, den ich gerade erleide, groß ist, so ist das immer noch eine Kleinigkeit in Anbetracht des Riesenglücks, das ich habe, zu existieren....
denn: DAS LEBEN IST TROTZ ALLEDEM SCHÖN.

Wahrscheinlich verbringst auch du Zeiten, in denen dich schwere Probleme belasten. Und du siehst alles schwarz, alles verwickelt, alles furchtbar schwer.

Dein Geist wird sich aufheitern und du wirst gute Lösungen finden, wenn du denkst, daß du (trotz deiner schwierigen Probleme) lebst, und daß ***DAS LEBEN TROTZ ALLEM SCHÖN IST.***

Sicher wirst auch du manchmal von starken Schmerzen oder von irgendeiner verdammten Krankheit geplagt, die dir keine Ruhe läßt. Und du meinst, die Welt ginge unter, ohne daß du irgend etwas dagegen machen kannst.

Die Leiden werden sich wie durch einen Zauber lindern und die Krankheit wird in ihrer Schwere nachlassen, wenn du denkst, daß du - trotz deiner schlechten Gesundheit - lebst und daß ***DAS LEBEN TROTZ ALLEM SCHÖN IST.***

Der Wert des Lebens ist unendlich groß.
Jede beliebige Schwierigkeit, jeder beliebige Schaden, jedes beliebige Drama ist nichts im Vergleich dazu.

Zieh' oft während deines Tages diesen Vergleich, und die Unmenge von Dingen, die nicht so gehen, wie sie sollten......... und die kleinen Unkorrektheiten der anderen, die dir auf die Nerven gehen......... und die unzähligen täglichen kleinen Ungerechtigkeiten, die du erleidest.......... werden dir nichts mehr ausmachen.
Und du wirst oft ganz unbeschwert auf dem Rücken des Regenbogens reiten.

Es täglich als Wunder zu empfinden, daß man lebt,
macht das Leben erst wunderschön.

Das Geheimnis, gut zu leben

Wir Menschen haben eine hervorragende psychologische Eigenschaft: Wir sind nie zufrieden.
Sie ist hervorragend, weil sie uns dazu motiviert, im Leben immer vorwärtskommen zu wollen.

Ziele zu haben, die wir erreichen wollen, ist eine wichtige Grundlage für unser Glück.
Wenn wir keine Pläne zu verwirklichen hätten, würden wir in die Trägheit, in die Interesselosigkeit, in die tiefste Depression verfallen.
Wenn wir keinerlei Ideal hätten, würden wir langsam zu dummen Tieren.

Wenn wir in unserem Leben keine Ziele hätten, hätten wir auf die Dauer keinen Grund mehr, weiterzuleben.

Wenn wir jedoch jene unsere positive Eigenschaft nicht im Zaume halten, können wir einen sehr großen Fehler in unserem Lebensstil begehen: In unserem Eifer, immer mehr zu haben, schätzen wir das nicht mehr, was wir haben.

Und wir schuften uns die Seele aus dem Leib, um immer mehr zu bekommen: Mehr Geld, mehr Bequemlichkeit, mehr Zuneigung, mehr Liebe, mehr Erfolg, mehr Macht, mehr Sicherheiten.

Wenn wir dann erreicht haben, wofür wir so sehr gekämpft haben, nehmen wir uns nicht die Zeit, um es zu genießen, da wir uns sofort bemühen, weitere Dinge zu erreichen.

Ich rate dir wärmstens, ja heiß und innig,... diesen Fehler nicht zu begehen,... diesen Fehler nicht zu begehen.

Denk daran:

Das Geheimnis des Glücks besteht darin, mit dem zufrieden zu sein, was man schon hat: Es zu schätzen, es zu genießen, es zu kosten, und dann erst - in Maßen - zu versuchen, mehr zu erreichen.

Das Leben ist wie das Meer:
Um es in seiner ganzen Schönheit zu schätzen,
muß man es langsam befahren;
heute bevorzugt man leider das Tragflächenboot.

Denk' daran:

UM GLÜCKLICH ZU LEBEN,

MUSS ICH DAS LEBEN ZU SCHÄTZEN WISSEN

Willst du etwas Gescheites tun? Mach' eine Kopie von derjenigen der letzten Seiten, die dir am besten gefallen hat und hänge sie an die Innenseite deiner Haustür, damit du sie jedes Mal, wenn du ausgehst, sehen kannst.

Es hilft dir, deinen Tag besser zu verbringen.

DIE ANGST VERRINGERN, FEHLER ZU MACHEN

Die Selbstbestimmung

Der dümmste Satz, den ein Mensch denken oder sagen kann, ist folgender: *"Ich bin so und kann nichts dagegen tun."*

Das ist absolut nicht wahr!

Er kann viel dagegen tun, wenn er will.

Er kann sich zum Besseren ändern, wenn er beschließt, sich zu ändern.

Alles auf der Welt ändert sich. Alles entwickelt sich. Alles verwandelt sich.

Wir Menschen haben eine einzigartige, außergewöhnliche, phantastische Eigenschaft: Die Selbstbestimmung, oder anders gesagt, die Fähigkeit, uns geistig zu ändern und das zu werden, was zu werden wir beschlossen haben.

Sind wir unüberlegt und wollen vorausschauend werden?

Wir können es.

Sind wir leicht erregbar und wollen ruhig und heiter werden?

Es ist möglich.

Sind wir Schafe und wollen Löwen werden?

Es ist sehr wohl möglich.

NICHTS IST UNMÖGLICH, WENN MAN ÜBERZEUGT IST, DASS ES MÖGLICH IST.

Wenn du etwas, das dir an dir selbst nicht gefällt, ablegen willst, dann kannst du das, du kannst es tatsächlich, sage ich dir!
Ist das nicht wunderbar!?

Wie du das machen sollst?
Indem du beginnst, den Satz in deinem Geist: *"Ich bin so und kann dagegen nichts tun"* durch den Satz: *"Ich bin so, und ich werde das ändern, was an mir nicht gut ist."*

Du kannst aus dir ein neues Du schaffen: Sicherer, stärker, schöner.
Du kannst aus dir den tüchtigsten, den liebenswürdigsten, den glücklichsten Menschen der Welt machen.
Du mußt es aber wollen, ...
sehr intensiv,
aus ganzem Herzen,
aus tiefster Seele.
Nur auf diese Weise kannst du in dir die moralische Kraft entwickeln, die du brauchst, um es zu schaffen..
Nur so wird es dir glücken.
Nur auf diese Weise wird dein Leben anfangen, zu 'fliegen'.

Sich ungünstigen Umständen anzupassen ist gut,
aber besser ist es, sich günstige Umstände zu schaffen.

Seine Selbstachtung steigern

Wir sind Tiere:
Denkende Tiere, aber Tiere,
anspruchsvolle Tiere, aber Tiere,
wunderbare Tiere, aber Tiere.

Wir - wie alle Tiere dieser Erde - leben in einer Gruppe oder - sozusagen - in einer Gesellschaft.

Das Leben in der Gesellschaft ist nicht einfach,... es entstehen oft Schwierigkeiten, womit man sich auseinan-dersetzen muß, Probleme, die zu lösen, Gegensätze, die zu überwinden sind,... Unannehmlichkeiten, Unvorhersehbares, Fehlleistungen, Mißverständnisse.

Um all diese Hindernisse zu überwinden, ist es unentbehrlich, daß uns viel innere Kraft zur Verfügung steht. Diese Kraft beziehen wir aus unserer Selbstachtung.

Die Selbstachtung ist ein Gedanke, der in unserem Geist kreist, wie das Blut in unserem Körper.
Das Blut bringt die Nährstoffe zu den Körperzellen. Die Selbstachtung tut dasselbe, sie ist die Nahrung für unsere moralische Kraft. Sie ist der Sauerstoff für unseren Mut.

Jeder von uns muß, um sich mit dem wunderbaren Abenteuer des Lebens auseinanderzusetzen, fühlen, daß er etwas gilt, muß empfinden, daß er fähig ist, zu handeln, er muß fühlen, daß er Erfolg haben kann in dem, was er tut, kurz, er muß sich selbst schätzen.

Die Selbstachtung ist wie die Kraft in den Beinen, die wir brauchen, um gehen zu können, die Kraft in den Händen, um fassen, heben, werfen zu können. Sie ist das Gefühl einer geistigen Kraft, die wir unbedingt besitzen müssen, um zu beliebigen Handlungen fähig zu sein. Ohne diese Kraft wären die Schwierigkeiten des Lebens unüberwindlich: Ein kleiner Hügel würde zu einem Berg werden. Es ist also unverzichtbar, eine hübsche Menge davon zu besitzen.

Und wenn wir sie nicht haben?
Dann entsteht in uns die Angst, Fehler zu machen.

Die Angst, Fehler zu machen ist wie der kalte Nordwind, der dir immer dann Hindernisse in den Weg legt, wenn du gerade eine Entscheidung treffen willst...
und er plagt deinen Geist,
und versetzt dein Herz in Aufruhr,
und er läßt dich an Sätze denken wie diese:
"Und wenn ich Fehler mache?"
"Wer versichert mir, daß ich gerade das Richtige mache?"
"Soll ich mich so verhalten oder anders?"
"Soll ich das tun oder nicht?"

Die Angst, Fehler zu machen entsteht in deinen tiefen Bewußtseinsschichten, und sie verbreitet sich in dir und überzieht deine Selbstachtung mit Zweifeln.
Man hat dich seit deiner Kindheit darauf gedrillt, daß jemand, der Fehler macht, nicht tüchtig, nicht sehr intelligent sei.
Man hat dir eingetrichtert, die Dinge müßten auf jeden Fall gut gemacht werden, sonst sei man dumm, sei man weniger wert als diejenigen, die sie besser machen.

Und jetzt kommen dir oft so finstere Gedanken wie:
"Wenn ich Fehler begehe, bin ich nichts wert."
"Wenn ich Fehler mache, bedeutet das, daß ich unfähig bin."
"Wenn ich etwas falsch mache, werde ich die Wertschätzung der anderen verlieren."

Ich bitte dich, laß dich von diesen grauen Ängsten nicht täuschen. **Laß' dir von einem Mißerfolg nicht dein Selbstwertbewußtsein in Frage stellen.**

Der Wertbegriff ist nichts Materielles, das man verlieren kann, wie man einen Regenschirm verliert. Er ist eine Kraft, eine feste innere Kraft, und er hängt nicht vom Beifall der Welt ab.
Nicht zu wissen, wie man etwas richtig macht, hat nichts mit dem Wertbegriff zu tun. Er ist Teil eines anderen Universums, wohnt in einer schöneren Welt als der unseren, er wohnt in der Welt des 'Seins'.

Es gibt sehr viele Gelegenheiten während deines Tages, in denen die Angst, einen Fehler zu begehen, deine Seele beunruhigen kann. Aber du mußt pausenlos dagegen ankämpfen, sie von allen Seiten angreifen, sie mit allen Waffen, die du besitzt, überfallen,... um sie zu besiegen, ... um sie aufzureiben,... und sie in die Vergessenheit zu drängen.
Nur so kannst du deine Persönlichkeit verbessern.
Nur so kannst du viele Erfahrungen machen, die dich weiterbringen.

Nur so kannst du glücklich leben.

Wer nicht handelt,
weil er Angst hat, einen Fehler zu machen,
macht einen.

Die Angst, Fehler zu begehen, verursacht viel Durcheinander in unserem Geist: Zweifel, Konflikte, Ängste, Sorgen. ..... Sehen wir also, wie man diese großen Feinde des Glücks bekämpfen kann.

Keine Wahl ohne Qual

Man muß sich im Leben immer für oder gegen entscheiden, das aber ist nicht leicht. Alle Entscheidungen bringen Vorteile und Nachteile.
So entstehen die Zweifel.

Zweifel zu haben ist natürlich, völlig natürlich.
Wir jedoch möchten nie welche haben, wir möchten sofort die optimale Wahl treffen können.

Das ist aber absolut unmöglich! unmöglich! unmöglich! Wir sind nur Menschen, nicht Gott....und als Menschen können wir die Möglichkeit, Fehler zu begehen, verringern, können die Angst, die damit verbunden ist, uns entscheiden zu müssen, vermindern, aber wir können unsere Zweifel nicht abschaffen.

Deshalb rate ich dir folgendes:
Wenn du eine Entscheidung treffen mußt, laß' dich nicht von deinem dummen Anspruch beeinflussen, keine Fehler begehen zu wollen, laß' dich nicht von dem Zweifel verzehren, ob deine Entscheidung nicht vielleicht eine Fehlentscheidung werden könnte.

Bleib' heiter und steh' zu deinen Zweifeln!

Laß dich überzeugen, daß es im Leben keinerlei Sicherheit gibt. Vertu' nicht mehr deine seelische Energie, um die Zweifel deines Geistes auszuräumen, benutze sie vielmehr, um die Kunst zu erlernen, glücklich zu leben, benutze sie, um dein Leben kreativ zu gestalten.
Und aus deinen Tagen wird das übliche Grau verschwinden.
Und dein Leben wird sich rosa färben.

Und es wird ein gutes Leben sein.

Die echte Sicherheit besteht darin,
keine Sicherheiten zu brauchen.

Wenig Zeit auf unwichtige Entscheidungen verwenden

Im Leben gilt es Millionen von Entscheidungen zu treffen, aber nur wenige sind echt wichtig.
Mach' dir keine Sorgen, wenn du unwichtige Entscheidungen treffen mußt.
Auch wenn sie sich als falsch erweisen sollten, ginge die Welt nicht gleich unter.
Besser riskiert man einen Fehler als ein Magengeschwür vor lauter Brüten über einen möglichen Fehler, bevor man sich entscheidet.

Mein Rat lautet...
... Wenn die zu treffenden Entscheidungen nicht objektiv wichtig sind, denk' nicht zu lang darüber nach.
Folge deinem gesunden Menschenverstand,
folge deinem ungesunden Menschenverstand,
triff die Entscheidungen aus dem Bauch heraus,
aber triff sie,
und triff sie, ohne zu zögern.

Denk daran... *MANCHMAL SIND DIE SCHÄDEN AUF GRUND DES ZWEIFELS (VOR DER ENTSCHEIDUNG) GRÖSSER ALS DIE, WELCHE DURCH EINE EVENTUELL FALSCHE ENTSCHEIDUNG ENTSTEHEN.*

Nicht ganz freiwillige Entscheidungen vermeiden

Wenn du eine Entscheidung treffen mußt, passiert es vielleicht auch dir, daß du vernunftmäßig das Risiko, die Freiheit, das Leben wählen möchtest, aber deine Angst treibt dich dazu, der Sicherheit den Vorzug zu geben. Du weißt, welche Entscheidung die beste ist, aber du "mußt" die schlechteste treffen.
In diesem Fall versuche, bevor du dich entscheidest, die Angst zurückzudrängen, die der Grund für eine eventuell erzwungene Entscheidung ist.

Wenn du eine Entscheidung treffen mußt, vermeide, in die Lage zu geraten, eine bestimmte Entscheidung zwangsläufig treffen zu müssen.

Denk' daran.... *MANCHMAL TREFFEN NICHT WIR DIE ENTSCHEIDUNGEN, SONDERN DIE* ENTSCHEIDUNGEN *TREFFEN UNS.*

Korrigierbare Entscheidungen treffen

Wenn du eine Entscheidung treffen mußt, richte es so ein, daß sie nicht unwiderruflich ist. Stell' es dir so vor: *"Jetzt entscheide ich einmal so, danach, wenn ich feststelle, daß die Entscheidung falsch war, werde ich es anders machen."*

Wenn du eine Vereinbarung triffst (schriftlich oder mündlich), **triff' sie so, daß du sie, wenn du deine Meinung änderst, revidieren kannst,** ohne Hals und Kragen zu riskieren.

Gib anderen nie absolute Sicherheiten über dich selbst in die Hand. Benutze oft Sätze wie diese:

"Ich tu' mein Bestes, um...... aber ich kann dir nichts garantieren."

"Ich kannn dir nicht versprechen, daß ich meine Meinung über .... nicht ändern werde".

"Ich kann dir nicht versichern, daß ich immer genauso sein werde, wie ich jetzt bin".

Denk daran...

DAS EINZIGE, WESSEN MAN SICH IM LEBEN SICHER SEIN KANN, IST, DASS MAN VOR NICHTS SICHER IST.

Entscheidungen verschieben

Wenn du eine Entscheidung treffen mußt und du brauchst sie nicht sofort zu treffen, verschiebe sie.

Laß dich von dem boshaften kleinen Geist in dir nicht beeinflußen, der, um die Angst vor einer Entscheidung zu beseitigen, dich antreibt, dich sofort zu entscheiden.

Bleibe ganz ruhig, wo du bist, mit deinem Problem im Kopf.

Es könnte sein, daß im Laufe der Zeit andere Umstände oder neue Informationen dazukommen, welche die Wahrscheinlichkeit verringern können, Fehler zu machen.

Was verlierst du schon, wenn du wartest ?

Denk daran...... *DIE BESTE ENTSCHEIDUNG IST ES OFT, DIE ENTSCHEIDUNG ZU VERSCHIEBEN.*

Wahrscheinlich ist es dir auf die Nerven gegangen, auf der vorhergehenden Seite die zwei Stücke mit kleinerer Schrift als üblich lesen zu müssen.
Es war kein Fehler. Es ist mein Mittel, um deine Augen - und deinen Geist - an den Übergang vom Klaren zum weniger Klaren zu gewöhnen.

Wenn du dich darin übst, plötzliche unangenehme Veränderungen in einem Buch zu akzeptieren, wirst du dich auch daran gewöhnen, plötzliche unangenehme Änderungen im Leben zu akzeptieren.
Denk' daran... **Um glücklich zu leben, muß man sich daran gewöhnen, ohne Probleme von einer bequemen zu einer unbequemen Lage, vom Wohlstand zu beschränkten Verhältnissen, vom Einfachen zum Schwierigen, vom Mehr zum Weniger überzugehen.**

Jetzt kehre ich zur - sozusagen - normalen Schrift zurück.

Sich auf den Irrtum einstellen

Wenn du eine Entscheidung treffen mußt, gehe von der Voraussetzung aus, daß es, obwohl deine Entscheidung gut sein mag, immer eine bessere gibt, und deshalb wirst du unvermeidlich einen Fehler begehen.
Das wird deine Zweifel verringern, und du wirst dich darauf einstellen, die eventuellen Schäden leichter zu akzeptieren.

Das ist ein sehr einfacher Ausweg. Benutze ihn oft.
Und dein Geist wird dir jeden Tag danken, weil du ihm so viel unnützen Ärger erspart hast.
Denke daran: *Wenn man eine Entscheidung trifft, ist es nicht das Wichtigste dabei, zu wissen, daß sie die richtige ist, sondern daß man, wenn sie nicht richtig ist, den begangenen Fehler ruhig akzeptieren kann und die nötige Seelenstärke hat, um sich mit der neuen Lage auseinanderzusetzen.*

Die Zweifel an getroffenen Entscheidungen akzeptieren

Wenn du eine Entscheidung getroffen hast, zermartere dir dein Gehirn nicht unnütz mit so langen wie sinnlosen Gedanken wie: *“Habe ich es gut gemacht? Habe ich es schlecht gemacht? Habe ich es gut gemacht? Habe ich es schlecht gemacht?”*

Wenn man die Entscheidung getroffen hat, Schwamm drüber, und ganz sorglos spazierengehen!

Wenn du dann bemerkst, daß du dich richtig entschieden hast, kannst du dir selbst gratulieren.Falls du dagegen entdeckst, daß deine Entscheidung wohl nicht die beste gewesen ist, macht's nichts. Es bedeutet nur, daß du einen Fehler gemacht hast, daß du keine Maschine bist.

Denk daran...... *MANCHMAL VERURSACHT DER ZWEIFEL, OB MAN SICH FALSCH ENTSCHIEDEN HAT, MEHR SCHADEN ALS EINE EVENTUELL FALSCHE ENTSCHEIDUNG.*

Die eigenen Fehler akzeptieren

Wenn du bemerkst, daß du geirrst hast, akzeptiere ruhig die Folgen deines Fehlers. Verscheuche sofort aus deinem Geist den Gedanken, nicht tüchtig zu sein, weil du ihn begangen hast ....und stelle dich mit neuer Energie darauf ein, dich mit der neuen Lage auseinanderzusetzen.

Wenn du immer wieder an den begangenen Fehler denkst, fügst du nur dem wirtschaftlichen Schaden noch die psychologische Selbstverhöhnung der schlechten Laune hinzu.

Wenn du bemerkst, daß du dich geirrt hast, laß' dich nicht von Schuldgefühlen überwältigen. Verzeihe dir! Verzeihe dir! Verzeihe dir!

Irren ist menschlich. Wehe, wenn du nicht irren würdest. Nur Gott begeht keine Fehler. Bist du Gott?

Wenn du bemerkst, daß du geirrt hast, denk' sofort folgendes:

— Habe ich einen Fehler gemacht?

— Na und?

— Das bedeutet nur, daß ich geirrt habe. Ich brauche mich nicht schuldig zu fühlen. Obwohl mein Fehler gravierende Folgen gehabt hat, bin ich immer noch eine Person, die etwas gilt. Und ich muß mich trotzdem schätzen.

Wer nicht akzeptiert, geirrt zu haben,
vergrößert noch den Schaden des Fehlers,
den er begangen hat.

Die Schäden durch einen begangenen Fehler richtig einschätzen

Wenn du irrst, höre nicht auf deinen boshaften kleinen Geist, der dir einflüstert, sofort böse zu werden...
Glaube nicht, daß ein erlittener Schaden unbedingt ein Schaden sein muß. Wenn du dir die üble Erfahrung gut merkst, kannst du sie später in einer ganzen Menge von ähnlichen Situationen benutzen. Und das wird dir helfen, in Zukunft noch Schlimmeres zu vermeiden.

Denke daran...... *MANCHMAL KANN EIN KLEINER FEHLER VIELE GROSSE FEHLER ERSPAREN.*

Wenn man einen Fehler begeht,
zahlt man zuerst drauf,
aber danach verdient man daran.

Seine eigenen Mißerfolge akzeptieren

Wenn du etwas nicht schaffst, akzeptiere ruhig den Mißerfolg. Versuche nicht, die Tatsachen zu verdrehen, um nicht vor dir selbst zugeben zu müssen, daß du es nicht geschafft hast.
Vermeide den bequemen, aber gefährlichen Ausweg, anderen oder dem Unglück die Schuld zu geben.
Denk' ruhig: *"Ich habe es nicht geschafft."*

Ein Mißerfolg ist nicht ein Zeichen, daß du dumm bist, sondern eben nur ein Mißerfolg.

Ich rate dir dringend, dringend, dringend...
... verwechsle nicht einen von dir begangenen dummen Fehler mit deiner Dummheit...
... verwechsle nicht das Scheitern eines deiner Pläne mit deinem Scheitern.

Es ist nichts Schlimmes dabei, wenn man etwas nicht geschafft hat.
Auch wenn du eine ziemlich lange Reihe von Mißerfolgen erlebst, bleibst du immer noch eine wertvolle Person. Und du mußt dich akzeptieren... du mußt dich trotzdem lieben.
Du solltest oft so denken:

– ***Habe ich es nicht geschafft?***
– ***Gut, ich akzeptiere diesen Mißerfolg. Aber ich mache mir keinen Schuldkomplex daraus.***
Meine Würde behalte ich trotzdem.
Und ich muß mich trotzdem schätzen.–

Ich rate dir eindringlich...
... wenn dir der Staub des Mißerfolgs in die Augen fällt,... laß' dir deine Seele nicht davon trüben!
Ergib dich nicht der Trostlosigkeit!
Laß dich nicht von der Selbstkritik lähmen.
Ergib dich nicht.
Steh wieder auf und gehe mit neuer Energie weiter.
Und das übliche Grau wird aus deinen Tagen verschwinden.
Und dein Leben wird sich rosa färben.

Wer seine Schwächen akzeptiert,
ist schon stärker geworden.

Sich von der Kritik anderer nicht stören lassen

Laß' dich, wenn du Fehler machst, von den Bosheiten der anderen nicht beeindrucken, die dich herabsetzen wollen.
Laß ihre Giftpfeile am Panzer deiner Selbstachtung zerbrechen. Wer dich tadelt, weiß nichts von der Seele und ist eines Verstehens kaum fähig. Verzeih' ihm! Er weiß nicht, was er tut.
Aber laß' dich nicht schlagen.
Laß' deinen Stolz nicht verletzen.
Glaube nicht, irgend jemand anderem unterlegen zu sein, weil du einen Fehler gemacht hast.
Auf der Welt existieren weder Individuen, die niedriger, noch solche, die höher sind als andere, sondern nur Menschen: Menschen, die mehr Fehler, und Menschen, die weniger Fehler begehen. Und alle haben denselben Wert,... den Wert, der allen Menschen innewohnt.
Ich beschwöre dich also...
Wenn du Fehler machst, denk' nicht an das böse Urteil der anderen.
Aber denk'vor allem nicht an dein eigenes. Und der Wind deines Wertes wird die Wolken deiner Ängste hinwegfegen.
Und der Himmel deines Lebens wird sich leuchtend blau färben.
Und es wird ein gutes Leben sein.

Dumm sind nicht die, welche Fehler machen,
sondern die andere für dumm halten,
weil sie Fehler machen.

Das Selbstvertrauen

Vielleicht hast du nicht viel Vertrauen in deine Ideen. Deshalb trägt schon alles, woran du denkst, das Mal des Mißerfolgs.

Vielleicht glaubst du nicht ganz an das, was du machst. Deshalb tragen viele Dinge, die du unternimmst, in sich schon den Keim des Scheiterns.

Vielleicht hast du nicht viel Vertrauen in das Leben. Deshalb wird dein Leben von Tag zu Tag immer weniger lebendig. Du dämpfst jede Begeisterung. Du läßt dich von der Gleichgültigkeit umzingeln. Vom Pessimismus besiegen. Von der Trägheit lähmen.

Also los, tu' e n d l i c h etwas!
Überwinde deinen gegenwärtigen psychischen toten Punkt!

Glaube mehr an dich selbst,

und schau' nach oben.

Bessere Tage erwarten dich, ein besseres Leben steht dir bevor.
Das Leben wartet nicht.

> *Das Leben ist wie das Meer:*
> *Je mehr man sich davor fürchtet, es zu befahren,*
> *desto mehr läuft man Gefahr, Schiffbruch zu erleiden.*

Denk' daran

UM GLÜCKLICH ZU LEBEN,
MUSS ICH DIE ANGST VERRINGERN,
EINEN FEHLER ZU BEGEHEN

Kannst du mir einen Gefallen erweisen?

Willst du dir selbst einen Gefallen tun? Dann geh' zum Kapitel "Das Leben hochschätzen" zurück und lies es nocheinmal.

Es ist ungeheuer wichtig, daß du das tust!

MITEINANDER KOMMUNIZIEREN

Mit anderen in Verbindung stehen ist eine sehr wichtige geistige Tätigkeit.
Die psychologischen Vorteile, die entstehen, wenn man zu kommunizieren versteht, zählen nach Millionen: Man bräuchte ein ganzes Buch, um sie zu beschreiben.

Während der Kommunikation sind es nicht zwei Körper, die sich begegnen, zwei Gesichter, die sich anschauen, zwei Münder, dic miteinander sprechen, zwei Geister, die Begriffe austauschen... sondern es sind zwei Seelen, die sich einander übertragen: Ihre ganz besonderen Empfindungen, ihre feinsten Regungen, ihre innersten Gefühle.

Während der Kommunikation schiebt man seine eigenen Notwendigkeiten, seine eigenen Verteidigungssysteme, seinc eigenen Überzeugungen beiseite und.... läßt sich gehen.
Deshalb steigen aus der Tiefe des eigenen Bewußtseins die echteren Seelenzustände empor, die verborgensten Gedanken, das wahre Ich.
Ganz langsam erreicht man eine phantastische, eine wunderbare Dimension: Jenseits von Raum und Zeit, jenseits von "Wie" und "Warum": Die Dimension des Seins.
Das sind einzigartige, unendliche, strahlend azurblaue Augenblicke.
Es sind magische Augenblicke, während deren man sein eigenes Wesen entdeckt,...und man freut sich darüber.
Diese Augenblicke würde man auch nicht gegen alles Gold der Welt tauschen.

Kommunizieren bedeutet, es fertigzubringen, den anderen fühlen zu lassen, was man empfindet, und gleichzeitig zu empfinden, was der andere fühlt.
Kommunizieren bedeutet, in den anderen einzudringen, und gleichzeitig den anderen in uns eindringen zu lassen.
Kommunizieren bedeutet, total mit dem anderen eins zu sein, mit dem anderen zu 'verschmelzen'.

Kommunizieren tut dem Herzen wohl, weil es das Herz im Einklang mit einem anderen Herzen schlagen läßt,...
und es tut dem Geist wohl, weil es ihn den unendlichen Himmeln der Brüderlichkeit näherbringt...
und es tut der Seele wohl, weil es sie über die universale Einsamkeit erhebt.

Es sind Augenblicke, in denen die zwei 'Ich' ihre eigene Identität verlieren und eine einzige psychische Einheit bilden: Das 'Wir'.

Die völlige seelische Einheit zu erreichen, ist wunderschön, phantastisch, herrlich.
Ach, wie gern ich dich lehren wollte, zu kommunizieren!!!

Wie das gehen soll? Wie man das macht?
Tja... ich werde die direkte Methode benutzen.... Ich werde dir mitteilen, was ich empfinde. Ich glaube wirklich, das ist eine gute Idee.

Ich empfehle dir...
Laß dich gehen und versetze dich in Gleichklang mit mir und versuche meine Seelenzustände einzufangen und strenge dich an, auf die Stimme meines Herzens zu hören. So wird es dir gelingen, die Kunst der Kommunikation einfacher zu lernen als durch meine wunderschönen Erklärungen.

Fertig?
Mal sehen, was ich dir in diesem Augenblick mitteilen kann.
Mal sehen, was ich empfinde...... Ach ja, sieh mal...

Im Moment empfinde ich ein Gefühl von innerer Heiterkeit, etwas Durchsichtiges, das aus der Tiefe meiner Seele entsteht und sich in ihr verbreitet.
Es ist ein sehr süßes, ein sehr klares Gefühl. Es erfüllt mein Herz.

Jetzt versuche ich zu verstehen, welche Gedanken diesen Seelenzustand erzeugt haben.

Ah ja, da sind sie ...
Warte einen Augenblick. Ich versuche, sie in Wörter zu übersetzen.

Ich empfinde, ja, ich empfinde, daß das Leben schön ist. Ich kann die Wörter nicht gut erkennen, weil es ein Gefühl ist, aber ich empfinde, daß das Leben schön ist... schön! schön! schön!

Meinen treuen Füllfederhalter sehen zu können, der auf dem Papier tanzt,...
... das Nocturne von Chopin hören zu können, was ich gerade tue,...
... den Duft des Kaffees riechen zu können, der aus meiner Tasse steigt...
... und mich über all das freuen zu können...
... es ist schön, glaub' mir... schön! schön! schön!

Im Augenblick empfinde ich, daß ich dich gern habe. Und es ist schön, zu empfinden, daß man jemand gern hat, den man nicht sieht und den man nicht kennt.

Jetzt lächle ich gerade...
weil ich denke, daß ich dumm bin, dir solche Worte zu sagen, daß das alles absurd ist, aber ich besiege diese Angst und ich sage es dir, ja, ich sage ich es dir noch einmal...
... wer auch immer du bist, wo du auch sein magst, Frau oder Mann, reich oder arm, gebildet oder ungebildet, aus dem Norden oder Süden... *"Ich habe dich gern."*

Es ist herrlich! Wunderschön!
Ich sage dir das aus ganzem Herzen und in der Hoffnung, daß du eines Tages empfinden kannst, was ich gerade empfinde.

Jetzt gerade empfinde ich ein Gefühl des Zweifels. Ich glaube, daß du dir vielleicht nicht vorstellen kannst, wie ich mich mit dir in Verbindung setzen kann, ohne direkt mit dir zu sprechen, ohne daß mein Körper nahe dem deinen ist.
Ich werde dir helfen.

Schau mal, ich bin ein Gedanke, ein abstraktes Wesen, das im Universum kreist. Auch du bist ein Gedanke, der sich wie ich durch das Universum bewegt. Und doch haben wir zwei uns schon getroffen.

Wo?
Hier auf diesem Stück Materie, das die Menschen Papier nennen.

Die Wörter, die du liest, sind meine Person, sind mein Ich, das ich dir mittels der Schrift übertrage.
Und während du mich liest, bin ich dort bei dir, mit dir, verstehst du?
Und ich fühle mich glücklich, dazusein!

Wahrscheinlich wird das für dich absurd aussehen, aber es ist nicht so, glaube mir. Zwei Körper müssen, um sich in Verbindung zu setzen, einander nahe sein, sich sehen, sich hören, sich berühren.... zwei Gedanken nicht...
... zwei Gedanken können untereinander immer und überall kommunizieren, auch über eine Entfernung von zehntausend Kilometern, dank einem Stück Materie, das die Menschen Buch nennen.

Ob du es glaubst oder nicht, wir zwei sind uns in diesem Augenblick näher als viele andere Leute, die zusammenleben, aber die nicht miteinander kommunizieren.
Ob du es glaubst oder nicht, ich bin gerade dort mit dir zusammen, sehr nahe, ja in dir: In deinem Geist, in deinem Herzen, in deiner Seele...
... und ich habe ein großes Verlangen, dich zu lehren, das Leben mehr zu lieben, weil ich empfinde, daß du es nicht grenzenlos liebst, wie ich es liebe ....
... und ich habe eine große Lust, dir zu helfen, glücklicher zu sein, weil ich empfinde, daß du nicht vollkommen glücklich bist wie ich.

Nun bin ich gerade sehr froh. Ich habe mich mit dir in Verbindung gesetzt und ich bin glücklich, dir mein Herz geschenkt zu haben. Aber ich empfinde auch ein wenig Unruhe, weil ich denke, daß du vielleicht nicht alles verstehen wirst, daß du mich für komplett verrückt hältst, daß diese sonderbare Art, ein Buch zu schreiben, seinen Erfolg einschränken wird, daß ich nicht viel verdienen werde, und daß... und daß dies ... und jenes ...
Aber ich wische diese Ängste zur Seite ... und ich sage es dir, und ich sage es dir lieber noch einmal: Ich empfinde, daß das Leben schön ist, ich bin glücklich, mit dir kommuniziert zu haben, dir meine Seele übertragen und dir meine Lebensfreude mitgeteilt zu haben
Und ich sag' dir auch dies noch einmal:
"I c h   h a b e   d i c h   g e r n".

Zum Teufel mit meinen Zweifeln.
Zum Teufel mit meiner Unruhe.
Zum Teufel mit den dummen, todlangweiligen Schreibregeln, an die sich Schriftsteller halten müssen.

Wer anderen ein bißchen Freude bringt,
bringt sich selber viel davon.

Denk' daran:

UM GLÜCKLICH ZU LEBEN,
MUSS ICH SO OFT WIE MÖGLICH
MIT ANDEREN KOMMUNIZIEREN

Willst du etwas Gescheites tun?
Lies langsamer.

Überwinde deine Gewohnheit, schnell zu lesen.

Beherrsche deine Lust, so schnell wie möglich weiterzukommen, um zu erfahren, was für interessante Sachen da noch kommen.

L i e s   l a n g s a m e r.

AKZEPTIEREN

Erkennen, was die wichtigsten Dinge im Leben sind

Was willst du vom Leben?
Mehr Gesundheit? Mehr Geld? Mehr Liebe? Mehr Wertschätzung ?
Ja, ich bin mir mit dir einig, das sind die wichtigsten Dinge im Leben. Aber sie reichen nicht.

Um glücklich zu leben, brauchst du noch zwei Dinge, und diese sind wichtiger als Gesundheit, Geld, Liebe und Wertschätzung zusammen:
SELBSTBEHERRSCHUNG UND INNERE AUSGEGLICHENHEIT.

Wenn du nicht über genügend Selbstbeherrschung verfügst, wirst du es schwerlich schaffen, das zu erreichen, was du dir vom Leben erwartest...
... und wenn du innerlich nicht völlig ausgeglichen bist, wird es dir kaum gelingen, das zu genießen, was du erreichen wirst. Es wird sein, als ob du nichts erreicht hättest.

Es ist nicht schwierig, diese zwei phantastischen Töchter des Geistes in dir entstehen und wachsen zu lassen.
Die Mühe, die du dir dafür geben mußt, ist nicht gewaltig.
Geld brauchst du dazu auch nicht.
'Beziehungen' bringen dir nichts.
Von Klugheit brauchst du nur ein klein wenig, von Anstrengung noch weniger.

Von einer Sache jedoch brauchst du eine ganze Menge:
Dem Willen.

Wenn du absolut fest entschlossen bist, die vollkommene Kontrolle über dich selbst zu erlangen...

... wenn du dringend wünschst, innerlich ausgeglichener zu sein...

... wenn du die feste Absicht hast, dein gegenwärtiges Leben in ein wunderschönes Leben zu verwandeln ....

... dann wirst du es schaffen.

Du mußt mit voller Kraft an die Arbeit gehen und versuchen, die Hindernisse zu überwinden, die sich zwischen dich und deine neuen Ziele stellen.

Bei der ersten Schwierigkeit, die du beseitigst, läßt dich dein wohlwollender kleiner Geist denken: *"Ich habe es geschafft. Das bedeutet also, daß ich stärker bin, als ich dachte".*

Dieser Gedanke wird deiner Selbstachtung einen Schub geben und deine Seelenstärke steigern... und das folgende Hindernis wird weniger schwierig zu beseitigen sein... und deine innere Stärke wird weiter wachsen... und das folgende Hindernis wird weniger schwierig sein... und so weiter.

Es ist eine Spirale, die sich ins Unendliche fortsetzt, eine wunderbare Spirale, die dich den Himmel erreichen lassen kann.

Was willst du vom Leben?
Willst du glücklich sein?
Dann mußt du kämpfen.

Du mußt dich kopfüber in den Kampf gegen deinen schlimmsten Feind stürzen: Dich selbst.

Du mußt aufbauen und niederreißen.

Irren und noch einmal irren.

Gewinnen und verlieren.

Lachen und weinen.

Dich freuen und leiden.

Nur so kannst du die Entwicklung der wunderbaren Eigenschaften vorwärtsbringen, die mit dir entstanden sind und die du noch nicht entdeckt hast.

Nur so kann es dir passieren, daß du dich Arm in Arm mit der Fröhlichkeit entlang den unendlichen Wegen des Glücks findest.

Und das Leben wird schön sein.

Um glücklich zu sein, muß man kämpfen.
Um unglücklich zu sein... braucht man nichts zu tun.

Die Verluste akzeptieren, die man erleidet

Fehlende Freude ist das Ergebnis von Ereignissen, die einen Verlust darstellen.
Es kann um Verlust von Geld, von Zeit, von wertvollen Dingen gehen.
Es kann um Verlust von Liebe, Zuneigung, Freundschaft gehen.
Es kann um Verlust von Wertschätzung, von Ansehen, von Macht gehen.
Es kann um Verlust von gegenwärtigen oder zukünftigen Sicherheiten gehen.

Jeder Verlust geht mit einem Gefühl von Ärger einher.
Es ist eine ganz normale Empfindung, und wehe dem, der sie nicht hätte!
Wenn freilich der Ärger übertrieben wird, entsteht Unglück, und es wird groß, wenn man über dem Ärger brütet und ihn so in die Länge zieht.
Weißt du, was man in so einem Fall tun muß, um sich nicht halb tot zu ärgern?
Man muß einen äußerst einfachen, aber sehr wirksamen psychologischen Ausweg benutzen: Den Verlust akzeptieren, wegstecken.

Der Vorgang des Annehmens ist ein Gespräch *'zwischen einem selbst und sich selbst'*, während dessen der rationale Teil unseres Geistes den irrationalen freundlich überzeugt, daß es absolut unnütz ist, sich über einen erlittenen Verlust zu ärgern.

Das Annehmen stoppt von Anfang an selbstquälerische Gedanken wie diese:
"Verflixt! Ich verliere eine Menge Zeit!"
"Verdammt, da büße ich einen Haufen Geld ein!"
"Verflucht, es geht aber auch alles schief!"
"Aber warum mußte das alles gerade mir passieren? Was ich für ein Unglücksrabe bin!"

Das Akzeptieren ist ein Denkvorgang, der die Unannehmlichkeit verringert, wenn etwas schief geht!

Aber es wird besser sein, wenn ich dir ein paar Beispiele mache. Manchmal vermögen Beispiele mehr als viele schöne Erklärungen.

Wie man die Wut verringern kann.

Wenn du einen Verlust erleidest, denk' sofort:

— Stop! Ich bin wütend, weil ich... verliere (z.B. Geld, Zuneigung und so fort...)

ICH MUSS ES AKZEPTIEREN!

Wenn ich es mir recht überlege, wird mir klar, daß es sich um keinen so großen Verlust handelt. Ich verliere ja nicht mein Augenlicht, nicht mein Gehör oder den Gebrauch irgendeines Körperteils. In diesem Fall freilich würde ich zu Recht eine Riesenwut empfinden.

—Obwohl mir etwas Übles zustößt - bin ich am Leben und geht es mir gut?

— Na also...

nur das ist wichtig.

Deshalb werde ich mich nicht mehr ärgern, als recht ist. —

 # Wie man die erlittenen Verluste verdauen kann.

Wenn dein Geist in die Vergangenheit hinabtaucht und einen in der Vergangenheit erlittenen Verlust heraustaucht, 'rette' die Lage mit einem Gedanken wie diesem:

> ***— Stop! Ich bin wütend, weil ich mich gerade an den gestern erlittenen Verlust erinnere.***
>
> *ICH MUSS IHN AKZEPTIEREN!*
>
> *Ich brauche mich nicht zu ärgern. Ich brauche nicht nervös zu werden.*
>
> *Es ist nun mal so gegangen. Warum soll ich mich mehr als nötig ärgern?*
>
> ***Ich muß statt dessen den Verlust annehmen. Ich darf nicht mehr daran denken. Es hilft überhaupt nichts, mich zu ärgern. —***

Ich rate dir eindringlich ....

Lerne das Wort ANNEHMEN auswendig,

brenne es mit Feuer deinem Geist ein. Richte es so ein, daß es immer mit dir geht, mit dir atmet, mit dir schläft, damit es dir tausendmal am Tag zu Bewußtsein kommt, bereit, in jede negative Situation einzugreifen.

Es wird dir helfen, die Wunden des Lebens sofort vernarben zu lassen.

Es wird dir helfen, den Schritt in die Welt der Ausgeglichenheit zu tun.

Es wird dir helfen, zu leben.

> *Um etwas zurechtzubiegen, was schiefgegangen ist,*
> *ist die wichtigste Regel: Sich nicht ärgern.*

Die gesellschaftlichen Unzulänglichkeiten akzeptieren

Im Leben ist nicht alles eitel Sonnenschein, es gibt auch Kummer. Und oft gibt es mehr Kummer als Freude, vor allem in der heutigen verrückten, närrischen, ausgeflippten Gesellschaft.

Selten geworden sind heute die Dienstleistungen, die gut funktionieren, wenig die Leute, die sich korrekt verhalten, rar sind nun die blauen Stellen zwischen den Wolken.

Die gesellschaftlichen Unzuträglichkeiten verursachen immer eine ganze Menge schlechter Laune.

Kannst du sie abschaffen?.........
Nein.
Du kannst nur das Maß und die Dauer der unvermeidlichen Wut verringern, die sie dir verursachen.

Wie?........
Indem du den Ärger akzeptierst.

Wie oft hat dich ein Verkehrsstau minutenlang gestoppt?
Wie oft hat das Telefon Tage um Tage nicht geklingelt?
Und wie oft hast du in einem öffentlichen Amt länger als zumutbar warten müssen, um einen Vorgang bearbeitet zu bekommen?
Dies sind nur drei unter den Tausenden von Dingen, die nicht laufen, wie sie sollten, und sie bereiten dir Fluten von kleinen täglichen Frustrationen. Wenn du

unter solchen Umständen deine geistige Starrheit beibehalten willst, die dich das alles nicht akzeptieren läßt, machst du dich unglücklich.

Du mußt dich also zwingen, zu akzeptieren.

Du mußt die Überzeugung gewinnen, daß es ganz normal ist, im Verkehr hängenzubleiben, daß die Dienstleistungen nicht gut funktionieren, daß die Leute versuchen, dich hereinzulegen.

Du lebst in einer Gesellschaft, die sich auf Gewinn, auf Vorteil, auf Ausnutzung von Menschen und Materie stützt. Jeder tut, was für ihn günstig ist, ohne sich im geringsten um die Schäden zu sorgen, die er den anderen verursachen kann. Folglich ist es normal, daß die Dinge nicht gehen, wie sie sollten. Unnormal wäre das Gegenteil: Daß alles ausgezeichnet funktionieren würde.

Ich würde zu Tode erschrecken, wenn ich in der Stadtmitte keinen Verkehr vorfinden würde, und ich wäre verblüfft, wenn ich sofort einen Parkplatz finden würde.

Ich wäre blaß vor Entsetzen, wenn ich es schaffen würde, eine Rechnung in weniger als zwanzig Minuten zu bezahlen. Und ich würde ohnmächtig, wenn mich der Angestellte anlächeln würde.

Was machst du, wenn es im Winter kalt ist? Wirst du wütend und regst dich über das schlechte Wetter auf? Oder ziehst du einen schönen Pulli aus Wolle an?

Na also.

So, wie es die richtige Reaktion auf die Kälte ist, einen Pulli anziehen, ist es die beste Reaktion auf gesellschaftliche Unzulänglichkeiten, sie gelassen zu akzeptieren.

Blockiert ein unvorhergesehenes Hindernis deinen Weg, so sollte dein erster Gedanke sein:

> ***– Ich muß diese Unannehmlichkeit akzeptieren. Ich darf nicht wütend werden. Ich darf mich nicht übermäßig aufregen.***
> *In unserer Gesellschaft ist es normal, daß diese Dinge passieren.*
> *Deshalb akzeptiere ich in aller Ruhe diesen Verlust an Zeit oder Geld. –*

Im Leben ist nicht alles eitel Sonnenschein, es gibt auch Kummer. Und oft gibt es mehr Kummer als Freude. In dieser Gesellschaft freilich gibt es gewaltig viel Ärger.

Willst du glücklich leben?

Lerne die Übel dieser Gesellschaft zu akzeptieren.

Lerne, Unzuträglichkeiten und Unvorhergesehenes anzunehmen, Betrug und üble Machen-schaften, Pflichtvergessenheit und Ungerechtigkeiten, Falschheit und Unehrlichkeit, Unpünktlichkeit, Streik, Hinterlist, schwarze Flecken, und dergleichen mehr.

Und - wie bei den wasserfesten Blättern der Wasserlilie - werden auf dich die tausend kleinen Tropfen von Frust, Wut und täglichem Ärger herabfallen, ohne dich zu durchnässen.

Und du wirst dein Maß an Glück vergrößern.

Und eines Tages wirst du ‘fliegen’ können.

> *Wer sich wegen eines erlittenen Schadens*
> *in eine Wut hineinsteigert,*
> *vergrößert das Ausmaß des Schadens.*

Die Unordnung akzeptieren

Wer hat gesagt, Unordnung sei etwas Häßliches?
Im Gegenteil, sie ist etwas Schönes.

Die Unordnung ist typisch für die Menschen. Die Ordnung ist Zeichen der Roboter.
Wehe, wenn man bei mir zu Hause Bleistift und Papier neben dem Telefon finden würde!..... Die Welt ginge unter.
Es ist so menschlich, zu dem Gesprächspartner am Telefon zu sagen: "*Einen Augenblick, ich muß mir etwas zu schreiben holen*".

Man muß allerdings zwischen gesunder Unordnung und Schlamperei unterscheiden.
Eine gewisse gesunde Unordnung ist gefragt, gewollt, zeigt Phantasie und Kreativität.
Die Schlamperei zeugt von Unfähigkeit, Ordnung zu halten.... weil man keine Zeit hat.... weil man ein ungeordnetes Leben führt.

Im Augenblick herrscht auf meinem Schreibtisch eine perfekte Unordnung.

Aber kannst du dir meinen Schreibtisch in Ordnung vorstellen?
Unmöglich! .... Für mich wäre es eine Tragödie.
Ich brächte es nie fertig, das zu schreiben, was du gerade liest. Ich könnte dir höchstens kalte Begriffe übermitteln, niemals meine Seele.

Du hättest gern mehr Ordnung um dich herum:
Auf gesellschaftlichem Gebiet,........... auf familiärem Gebiet,......... in deinem inneren Bereich.

Vielleicht hättest du es gern, daß in der Stadt die Autos auf ihren Parkplätzen parken würden oder allenfalls im Parkverbot, aber nicht in zweiter Reihe.
Zuhause möchtest du gern, daß der Verschluß der Zahnpastatube auf seiner Tube wäre, und nicht auf der Tube der Gesichtscreme ... daß das Brot im Brotkorb, der Käse im Käsebehälter wäre und so fort.
In dir selbst hättest du lieber weniger Konflikte, weniger Zweifel, mehr Harmonie.

O daß es nie so kommen möge!
Alles wäre aus!

Die Ordnung - auch wenn man nur eine Ordnung zu 75 % meint - gibt es nicht.
Und wehe, wenn es sie gäbe!

Wenn deine Sachen stets an ihrem Platz sind... wenn dein Haus immer perfekt geputzt und in Ordnung ist... wenn sich dein Geist nie mit Zweifeln und Konflikten herumschlägt ... dann wird es höchste Zeit, dir echt Sorgen zu machen.
Es bedeutet nämlich, daß du und deine Familie aufgehört habt, Personen zu sein, und Maschinen geworden seid: Maschinen in menschlicher Form.
Ich will dir damit nicht vorschlagen, dein Haus zu einem Requisitenladen werden zu lassen, ich werde mich hüten!
Ich will dir lediglich sagen: "Leg' keinen zu großen Wert auf die Ordnung! Akzeptiere ruhig ein wenig Unordnung. Und erzwinge nicht die Ordnung: Nicht von anderen, aber erst recht nicht von dir selbst!"

Denk' oft so:

– Wenn ich Unordnung sehe, darf ich mich nicht über Gebühr darüber aufregen. Ich muß sie ruhig annehmen.

Meine geistige Strenge macht aus mir einen Perfektionisten. Ich muß versuchen, sie zu verringern, sonst wird es mir nie gelingen, ein glückliches Leben zu führen. –

Ein Perfektionist ist der, welcher in allen Dingen etwas findet, was nicht in Ordnung ist, außer dort, wo es wirklich zu finden wäre: In ihm selbst.

Akzeptieren heißt nicht resignieren

Bisher habe ich dir immer geraten, zu akzeptieren, zu akzeptieren und nochmal zu akzeptieren.
Aber wohlgemerkt, ich habe nicht gesagt, daß Akzeptieren bedeutet, zu resignieren. Ich habe gesagt, das Akzeptieren ist die erste, die beste Reaktion auf negative Dinge, die dir widerfahren.
Ich will es deutlicher ausdrücken.

Es gibt so viel Negatives im Leben und auf der Welt: Kriege, Leute, die verhungern, Ungerechtigkeiten, all das, was in der eigenen Stadt nicht funktioniert, die Menschen, die sich schlecht verhalten, die eigenen und die fremden Fehler, und so fort.
Einige dieser Dinge kannst du verbessern, andere nicht (oder zumindest nicht so schnell).

Was sollst du also tun?
Dich, natürlich in vernünftigem Maß, ärgern über die Dinge, die du nicht ändern kannst. Mit denen aber, die du ändern kannst, solltest du folgendermaßen verfahren:

1° Sie akzeptieren
2° Kraft schöpfen
3° Versuchen, die Dinge zu ändern.

Glaub' aber nicht, es sei leicht, das zu ändern, was nicht gut läuft ... in der Welt, bei den anderen, aber in erster Linie bei dir selbst.
Es ist nicht damit getan, es nur zu wollen.
Du mußt alles daransetzen, kämpfen, ringen.
Du mußt um dein Herz herum eine ganze Menge Beständigkeit sammeln... dich mit all deiner inneren Kraft wappnen... leiden können, wenn es nötig ist...

zurückweichen, wenn erforderlich... flexibel sein, falls es sein muß...
...um dann wieder zum Angriff übergehen und es fertigbringen, eine Besserung zu erreichen: Bei dir selbst, in deinem eigenen Leben, und in der Welt.

Die anderen akzeptieren

 # Akzeptieren, daß andere anders sind.

Vielleicht hast auch du die schlechte Angewohnheit, dir über andere Menschen übereilte, starre und unwiderrufliche Urteile zu bilden.
Begeh' von heute an diesen Fehler nicht mehr!
Keine Urteile über die anderen abgeben.

Jemand hat sich dir gegenüber schlecht benommen? Vermeide es, ihm das Schild < schlecht > umzuhängen.

Es kann sein, daß er ein anständiger Mensch ist, aber in jenem Moment seinem kleinen boshaften Geist nachgegeben hat. Es kann sein, daß sein Verhalten gar nicht schlecht war, sondern daß er nur anders gehandelt hat, als du es in der gleichen Situation getan hättest.

Wenn dein "Gerichtstribunal" sich daran macht, Urteile auszusprechen, korrigiere es gleich mit einem Gedanken etwa dieser Art:

— Dieser Mensch hat sich mir gegenüber schlecht verhalten?
— Tja und?
Das heißt doch nur, daß er sich in jener Situation schlecht benommen hat. Und

nicht mehr. ***Ich darf ihn nicht für schlecht halten.*** *–*

Du möchtest, daß die anderen so denken wie du, daß sie deine Begriffe nicht in Zweifel ziehen, die du sicher für richtig hältst.
Und du hättest es gern, daß sie sich stets korrekt verhalten.
Und es würde dir gefallen, daß sie deine Gefühle verstehen und teilen.

Leider ist das nicht der Fall.
Und du fühlst dich schlecht. Und du bist wütend. Und du stürzt dich in tausend Wortgefechte, um zu beweisen, daß du recht hast.

Manchmal versuchst du vielleicht, die anderen zu ändern.
Und vergeudest Zeit und Energie bei diesem Versuch.
Und verlierst Millionen von Worten.
Schließlich wird dir klar, daß alles völlig umsonst ist. Die anderen wollen einfach nicht verstehen, daß sie unrecht haben, sie wollen einfach nicht lernen, die Dinge richtig zu sehen und zu tun: Auf deine Weise nämlich.

Willst du dir dein Leben ruinieren, indem du hinter den anderen her bist, oder willst du es genießen?
Dann akzeptier' sie so, wie sie sind.
Auch wenn sie Fehler machen, wenn sie nichts kapieren, auch wenn sie nicht zu leben wissen.

Was interessiert es dich, wenn die Leute, mit denen du beisammen bist, etwas absolut nicht mögen, wovon du begeistert bist!?
Was soll's, wenn die Menschen, die dir nahestehen, deine guten

Ideen nicht teilen, deinen guten Geschmack, deine Liebe für irgend etwas!?

Ich höre dich schon:

"Das ist nicht richtig." "Was du da machst, ist verkehrt." "Der hat recht." "Jener hat unrecht." "Jenes Stück steht gut dort." "Jene Farbe paßt wie die Faust auf's Auge." "Jenem Menschen hättest du so antworten sollen."

Jetzt gebe ich dir einen guten Rat:
Tu so etwas nicht mehr!

Wenn dir die anderen nicht wirklich einen Schaden zufügen, nimm sie so wie sie sind. Laß' sie nach ihrer Fasson selig werden. Mach' dir klar, daß nur du so denkst wie du. Nur du siehst, hörst und fühlst so wie eben du.
Brenn' dir ins Hirn ein, daß viele Wirklichkeiten, viele Wahrheiten, viele verschiedene Wertungen ein und derselben Sache existieren: So viele, wie es Menschen auf dieser Erde gibt.

Möchtest du dem wohlmeinenden kleinen Geist in dir einen großen Gefallen tun?
Mäßige dein Urteil über andere ein klein wenig.

Wie du das machen sollst?
Indem du oft denkst:

– Ich muß die anderen akzeptieren... so wie sie sind.

Ich darf nicht glauben, daß jene, die anders sind als ich, alles falsch machen, dumm sind.
*Deshalb muß ich sie, **solange sie mir nicht großen Schaden zufügen, akzeptieren,** d.h. ich darf mich nicht daran stören, zwischen ihnen und mir Unterschiede festzustellen. –*

Wart' einen Augenblick ...
Da kommt mir ein kluges Wort in den Sinn. Hier ist es:
"WER SICH ALLZU SICHER IST, RECHT ZU HABEN, HAT SICHER UNRECHT."

Ah! Und da kommt nochmal eines.
Willst du das auch wissen?

Ja!?
Gut, hier ist es:
"DIE ANDEREN ZU ÜBERZEUGEN, SO ZU DENKEN WIE WIR, IST ÄUSSERST SCHWIERIG. ABER SICH SELBST DAVON ZU ÜBERZEUGEN, DASS DIE ANDEREN NIE WERDEN DENKEN KÖNNEN WIE WIR, DAS IST NOCH SCHWIERIGER."

 # Die Unbeständigkeit der anderen akzeptieren.

Du hättest es gern, daß die anderen immer gleich blieben, nie ihre Meinungen, Stimmungen und Gefühle änderten.
Und es wäre dir auch recht, wenn sie sich immer konsequent und vernünftig verhielten.
Und du würdest es schätzen, wenn sie ihr Verhalten dir gegenüber nie änderten.
Auf diese Weise wären deine Beziehungen zu ihnen voraussichtlich normal, und du bräuchtest nicht dein Gehirn zu strapazieren, um mit ihren Veränderungen Schritt zu halten.
Aber auch die anderen sind menschliche Wesen, und somit von Natur aus wechselhaft und unbeständig. Und so erlebst du, ganz entgegen deinen Absichten, immer wieder Ärger und Ungelegenheiten auf Grund ihrer Unbeständigkeit. Und die machen dich wütend.

Akzeptiere die Sprunghaftigkeit anderer!
Sei toleranter gegenüber den Menschen, wenn sie ihre Ideen, ihre Gefühle, ihre Handlungsweise ändern.
Wenn dir kein großer Schaden entsteht, nimm' sie, wie sie sind!

Die Welt ist fortwährend in Bewegung. Das Leben ist ein dynamischer Prozeß. Die menschliche Persönlichkeit verändert sich andauernd. Für uns Menschen ist also ein gewisser Grad an

Unbeständigkeit eine normale Sache. Du darfst nicht davon ausgehen, daß die Menschen immer in gleicher Weise denken und handeln, daß die Verhältnisse für Jahrhunderte unverändert bleiben.

Gewöhne deinen Geist an Veränderungen!

Versuche, deine Denkweise flexibler zu machen.
Gewöhn' dich an die Flatterhaftigkeit der anderen, an ihre Inkonsequenz und an die Unsicherheit der zwischenmenschlichen Beziehungen.

Die Schönheit einer Beziehung besteht vor allem in ihrer Dynamik, ihrer Entwicklung.
Wenn sie statisch, unbeweglich ist, ist es eine Nicht - Beziehung.
Die Schönheit des Lebens liegt in seiner Ungewißheit. Wenn es statisch, unbeweglich ist, ist es ein Nicht - Leben.

Vielleicht glaubst auch du, daß die Menschen, die mit dir zusammen leben, und die, mit denen du täglich umgehst, die Ursache dafür seien, daß du nicht recht glücklich bist.
Geh' nicht in diese hinterlistige Falle!
Dein Glück hängt nicht von den anderen ab, sondern von dir...
... davon, daß du das Leben von der richtigen Seite zu nehmen verstehst
... davon, daß es dir gelingt, deine guten Eigenschaften weiterzuentwickeln
... von deiner Fähigkeit, die Gegenwart zu leben, das Schöne in allen Dingen zu sehen, zu verstehen, dich zu freuen, zu lieben ...
... aber vor allen Dingen davon, ob du verstehst, mit den anderen gut zusammenzuleben ...
... mit ihnen gut auszukommen und sie zu nehmen, wie sie sind.

Lerne also, die anderen zu akzeptieren.
Lerne, nicht zu versuchen, sie einzuordnen, sie zu katalogisieren, sie in verschiedene Schächtelchen zu stecken, zu bewerten, zu beurteilen, zu vergleichen und, vor allen Dingen, sie zu manipulieren.
So wird es dir glücken, die besten Beziehungen mit ihnen aufzubauen.
Du wirst es fertigbringen, echte Freundschaften zu entwickeln.
Und die Einsamkeit wird nicht mehr an deine Tür klopfen.

Möchtest du die kleine Weisheit wissen, die mir gerade eingefallen ist? ....

Bitte: *"JE WENIGER MAN SELBST BEREIT IST, SICH NOCH ZU ÄNDERN, DESTO MEHR VERSUCHT MAN'S BEI DEN ANDEREN."*

 # Die anderen nicht akzeptieren

In den vorangegangenen Kapiteln habe ich dich aus tiefster Seele gebeten, die anderen so zu nehmen, wie sie sind. In diesem jedoch will ich dir helfen, zu sehen, wann es nicht angebracht ist.

Wenn du glaubst, daß du nichts erreichen wirst, indem du dich beklagst oder gegen irgendeine Unkorrektheit protestierst, dann schluck' sie.

Meinst du aber, daß es etwas bringt, wenn du dich in Diskussionen einläßt, dann akzeptier' sie nicht.

Aber um Dinge nicht hinzunehmen, mußt du erst in der Lage sein, es zu tun ... du mußt es dir erlauben können.

Wenn du - wirtschaftlich oder gefühlsmäßig - von jemandem abhängig bist, mußt du gute Miene zum bösen Spiel machen, wenn dieser sich dir gegenüber unkorrekt verhält, denn sonst riskierst du den Kontakt - und folglich auch die Vorteile, die du hast.

Also... wenn deine Position schwach ist, wenn du es zu nötig hast, nimm an. Inzwischen arbeite an dir, werde stark, werde besser. Wenn du dann die erforderliche Unabhängigkeit gewonnen hast, die nötige innere Stärke und genügend Mut ... dann kannst du dir den Quantensprung leisten: Die Beziehungen abbrechen, die dir nicht passen, und dir neue schaffen, die dich mehr befriedigen.

Im Folgenden beschreibe ich dir einige Situationen, in denen es besser wäre, nicht zu akzeptieren.

Akzeptiere ruhig eine Verspätung von 15 oder 20 Minuten, aber nicht eine von über einer halben Stunde.

Akzeptiere ruhig gelegentliche Unpünktlichkeit, aber keine regelmäßige.

Akzeptiere ruhig Unkorrektheiten anderer, aber nicht dann, wenn sie für dich einen wirklich großen Schaden bedeuten.

Akzeptiere es ruhig, wenn andere über dich abfällig reden, solange dich das nur in deinem falschen Stolz trifft. Aber akzeptiere keine hinterlistigen Bosheiten, die eine Gefahr für die Wertschätzung deiner Person durch deine Lieben und deine Freunde mit sich bringen.

Akzeptiere es ruhig, daß dein Partner dir nicht all jene Beweise seiner Zuneigung gibt, die du gerne wolltest, aber sei nicht einverstanden mit seinem völligen Desinteresse.

Akzeptiere ruhig deine eigenen Schwächen. Aber dulde sie nicht (und versuch' sie beseitigen), wenn sie dir das Leben schwer machen.

Auch mal eine Kröte zu schlucken zeugt von Umsicht.
Sie zu schlucken, wenn es nötig ist, zeugt von Klugheit.
Sie immer zu schlucken ist ein Zeichen von Dummheit.

Vom Wert des Gedankens

Der Gedanke ist der leuchtendste Stern am menschlichen Himmel:
Unendlich viel schöner als sehr viele andere ...
weil er die Schönheit schaffen kann.

Der Gedanke ist die liebenswerteste Schöpfung des Universums:
Unendlich viel liebenswerter als das, was unser Herz als liebenswert empfindet ... weil er die Liebe hervorbringen kann.

Die Fähigkeit zu denken schenkt uns die Möglichkeit, in das Wesen der Dinge einzudringen, uns mit ihnen zu "verschmelzen", ja selbst über sie hinaus zu gelangen...
...und sie liefert uns die Mittel, unser Leben mit den höchsten Gipfeln des Glücks zu krönen.
Bedauerlicherweise machen wir nicht den richtigen Gebrauch davon ...
...und unser Leben bleibt in den Niederungen hängen: Es gibt uns wenig Glück.

Wie nutzen das Denken vor allem, um zu werten, d.h. um

festzustellen, ob etwas uns guttun wird, ob sich eine Sache, die wir tun, rentiert oder nicht, ob es empfehlenswert ist, sich so oder so zu verhalten. Selten nur wenden wir es an, um mehr zu wissen, um mehr zu verstehen, um ohne wirtschaftliche Hintergedanken kreativ zu sein. Wenige Male nutzen wir die Gabe des Gedankens, um uns zu wundern, um uns zu freuen, um echte Liebe zu empfinden.

Wie schade! Es ist eine große Beleidigung für Ihn, der uns diese Gabe verliehen hat, der uns geschaffen hat.

Wir müssen lernen, besser und mehr zu denken.

Wir müssen suchen, unsere ungeheueren geistigen Fähigkeiten zu entwickeln.

Denn es ist die Gabe des Denkens, die uns ein glückliches Leben schenken kann, nicht alles Gold, alle Macht und alles Ansehen der Welt.

Denn das Denken ist es, was uns den Himmel erreichen lassen kann.

Und wenn man hoch oben lebt, wird das Leben zu einem schönen Leben.

Wir sind wie ein Auto:
Die "Herstellerfirma" hat uns mit einem bärenstarken Motor wie dem eines Rennwagens ausgestattet, wir aber wissen ihn nicht zu gebrauchen und rollen langsam und schlecht dahin wie ein billiger Kleinwagen.

Denk' daran:

UM GLÜCKLICH ZU LEBEN, MUSS ICH DIE DINGE NEHMEN, WIE SIE SIND

Möchtest du lernen, die Dinge so zu nehmen, wie sie sind?
Reiß' eine Ecke dieses Buches ab... und... versuch', in aller Ruhe die Tatsache zu akzeptieren, daß sie abgerissen ist.

OFT MIT DEM GEIST IN DER GEGENWART VERWEILEN

Die Ungeduld zu leben

Vielleicht bist auch du eine der Millionen von Stadtameisen, eingefangen im täglichen Trott des Lebens. Und rennst nach links und nach rechts. Und tust dies. Und interessierst dich für jenes. Und versuchst, wieder etwas anderes auf die Beine zu stellen.

Halt, bleib mal einen Moment stehen!
Nicht so hektisch herumfuhrwerken!
Zweig doch auch mal ein paar Minuten ab von deinem Tagewerk und ... hab' ein bißchen Zeit für dich selbst!
Eines Tages wird es dir vielleicht noch leid tun, nicht einige Augenblicke deines Lebens ausgekostet zu haben.

Halt, bleib einen Moment stehen!
Laß' dir Zeit damit, deine Zukunft zu erreichen!
Das Morgen kommt schneller als du glaubst.
Vielleicht würdest du eines Tages gern dahin zurückkehren, wo du jetzt stehst, aber du wirst es nicht können.

Bleib mal stehen!
Sei nicht ungeduldig darauf, zu leben!
Nicht immer rennen, ohne den Weg zu genießen!
Renn' dem Glück nicht nach...
... und es wird dir entgegenkommen.

Und es wird schön sein, zu leben.

Viele rennen, rennen auf ein Ziel zu,
aber wenn sie es schließlich erreichen,
merken sie, daß es anderswo gewesen wäre.

Sich oft auf den Augenblick konzentrieren, den man gerade lebt

Versuch' dich von Zeit zu Zeit während deines Tages zu testen, und du wirst bemerken, daß du selten mit dem Geist dort bist, wo du körperlich bist.

Es gibt zwei Zeitdimensionen, in denen deine neugierigen Gedanken oft unterwegs sind: Die Vergangenheit und die Zukunft.

Manchmal kehrst du geistig zu einem vergangenen schlimmen Ereignis zurück und erlebst die schwarzen Gefühle wieder, die damit zusammenhängen, oder du grübelst wieder über die Fehler nach, die bei jenem gemacht wurden.

Bei anderen Gelegenheiten jedoch machst du dich daran, Pfannenkuchen aus Glas zu bemalen, machst jedoch den klassischen Fehler, zu viel Verwirrung aus Zucker zu formen, oder zuviele violette Kindsköpfe.

Und du, wo wolkst du einstweilen?

Im gekochten Aluminium oder in den gedämpften Flaschen.

Aber so ist es, als ob du nicht schwappen würdest. Denn schmelzen ist, wie sich zwischen Bleistiften aus Gips tummeln.

Diesen letzten Abschnitt verstehst du nicht, stimmt's?

Ich habe die Dummheiten absichtlich geschrieben, die du eben gelesen hast.

Warum?

Weil ich dir helfen will, die Königin der guten Gewohnheiten zu erlernen: Das Akzeptieren.

Jetzt will ich es dir erklären.

Du warst ganz ruhig am Lesen.... Der Abschnitt

war vernünftig aufgebaut, harmonisch, logisch. Du hattest keinerlei Schwierigkeit, die Bedeutung der Sätze zu erfassen, folgtest einer logischen Linie, einem rationalen Schema. Alles lief glatt.
Plötzlich kam etwas Unvorhergesehenes, Sonderbares, Unnormales. Du fandest Wörter ohne Sinn.

Wie hast du reagiert?
Hat es dich geärgert? Bist du durcheiandergekommen? Hast du sofort gedacht: *"Dieser Omar ist doch komplett verrückt."*?
In diesem Fall empfehle ich dir wärmstens, zur Seite ...ah, entschuldige, Seitenzahlen gibt es ja nicht, also geh' zurück zum Abschnitt *"Unzulänglichkeiten akzeptieren"* und lies ihn mindestens hundertmal.

Bist du jedoch ruhig geblieben und hast versucht, zu verstehen, was vorging?
Kompliment!
Du hast die Kunst erlernt, die Dinge so zu nehmen, wie sie kommen.

Sich in einem Buch plötzlich einem Kapitel ohne Sinn gegenüberzusehen ...
ist, wie wenn man auf einem Weg Hindernissen begegnet........... ist, wie wenn man sich unversehens im Dunklen wiederfindet............ ist, wie wenn man wunderliche Leute, eigenartige Orte, das Sonderbare in einem selbst kennenlernt.

Wenn man - dank der Lektüre eines Buches - gelernt hat, angesichts von Unzulänglichkeiten, Abweichungen, Sonderbarkeiten ruhig und gelassen zu bleiben, wird es einem auch gelingen, es angesichts der wenig schönen Dinge zu bleiben, die unsere heutige völlig verrückte Art zu leben hervorbringt.

Dieses Buch ist wie das Leben.
Wir beginnen, unser Leben zu durchlaufen in der Überzeugung, daß unsere Reise heiter und ohne Hindernisse sein wird. In Wirklichkeit jedoch läuft sie nie ganz glatt, wie wir es gerne hätten.
Manchmal treffen wir auf Schlaglöcher.
Andere Male ist die Straße unterbrochen.
Dann wieder will unser Auto nicht mehr.

So ist es auch mit diesem Buch.
Während deiner Reise durch das Buch passiert alles Mögliche:
Sätze ohne Sinn
Sonderbare Ausdrücke seines sonderbaren Autors
Fortwährender Wechsel der Druckfarbe
Dauernder Wechsel der Schriftart- und größe
Wörter, die im Wörterbuch nicht vorkommen

Wenn du es schaffst, dich über all das nicht aufzuregen, was die Lektüre dieses Buches nicht gerade erleichtert, wirst du es auch schaffen, dir über all die Dinge, die dein Leben nicht leichter machen, keine grauen Haare wachsen zu lassen.

Dieses Buch ist wie das Leben. Aber es hat ihm gegenüber einen riesigen Vorteil...
Wenn du auf der letzten Seite angekommen bist, kannst du sehr leicht an seinen Anfang zurückgehen und es nochmal und gründlicher lesen als beim ersten Mal. Es mehr genießen, dich mehr an seiner Schönheit erfreuen, mehr die Seele seines Autors erfühlen: Meine Seele.
Wenn du hingegen am letzten Tag deines Lebens angekommen bist, wirst du nicht umkehren können ...um es mehr genießen, dich mehr an seiner Schönheit erfreuen und den Geist Gottes in allen Dingen tiefer empfinden zu können.

Möchtest du eine schreckliche, aber sehr nützliche Wahrheit hören?

EINIGE VERWENDEN IHR GANZES LEBEN DARAUF, LEBEN ZU LERNEN; WENN SIE ES DANN SCHLIESSLICH GENIESSEN KÖNNTEN ... IST IHR LEBEN ZU ENDE.

Jetzt kannst du wieder zur normalen Lektüre zurückkehren.

Um dich vorwärtszubringen, habe ich den vorhergehenden Absatz wiederholt.

Sich oft auf den Augenblick konzentrieren, den man gerade lebt

Versuch' dich von Zeit zu Zeit während deines Tages zu testen, und du wirst bemerken, daß du selten mit dem Geist dort bist, wo du körperlich bist.

Es gibt zwei Zeitdimensionen, in denen deine neugierigen Gedanken oft unterwegs sind: Die Vergangenheit und die Zukunft.

Manchmal kehrst du geistig zu einem vergangenen schlimmen Ereignis zurück und erlebst die schwarzen Gefühle wieder, die damit zusammenhängen, oder du grübelst wieder über die Fehler nach, die bei jenem gemacht wurden.

Bei anderen Gelegenheiten jedoch machst du dich daran, das Bild deiner Zukunft zu malen, begehst aber den klassischen Fehler, zuviel Grau oder zuviel Rosa zu verwenden.

Und du, wo lebst du inzwischen?

Entweder im Film deiner Vergangenheit,
oder im Bild deiner Zukunft.

Aber dann ist es so, als ob du nicht lebtest!

Denn **leben bedeutet, mit dem Geist 'hier' und 'jetzt' anwesend zu sein, am gegenwärtigen Ort und zum gegenwärtigen Zeitpunkt.**

Leben heißt sich auf die Gegenwart konzentrieren, sich in die Gegenwart versetzen, die Gegenwart planen.

Sicherlich, es bedeutet auch, in die Vergangenheit zu gehen.
Aber nur, um sich an die schönen Augenblicke zu erinnern, die man verlebt hat, oder um sich die häßlichen Erfahrungen zunutze zu machen. Nicht, um sich von Gewissensbissen quälen zu lassen.

Sicher, leben heißt auch, in die Zukunft zu gehen. Jedoch nur, um irgendein Grundsatzprogramm aufzustellen. Nicht, um sich Sorgen zu machen oder sich vorzumachen, daß seine unrealistischen Träume in Erfüllung gehen könnten.

An der Gegenwart ist immer etwas Gutes.
In jedem Augenblick deines Tages ist an dem, was du tust, was du siehst, was du fühlst, stets etwas Schönes, an dem du dich freuen oder worüber du froh sein kannst. Du mußt nur lernen, dich zu freuen, froh zu sein, zu verstehen, das Schöne zu sehen, kurz, empfänglich zu sein.

Wie oft ißt du zum Beispiel Brot, ohne an das Brot zu denken, das du ißt?
Versuch' doch einmal, dich darauf zu konzentrieren.
Versuch' es zu schmecken, versuch' den wunderbaren

Geschmack zu genießen, den jede Krume hat.
Probier' mal, seine Kruste zwischen deinen Zähnen knirschen zu hören. Ist das nicht eine angenehme Musik?

Wenn du das nächste Mal Lust hast, etwas Gutes zu essen, geh' nicht in die Konditorei, geh' in die Brot - Bäckerei.

Und hast du jemals versucht, Wasser zu trinken und dabei an das Wasser zu denken, das du trinkst?

Nein???

Es ist wunderbar! Probier' es!

Versuch', an das Wasser zu denken, wenn es in deinem Mund ist!
Du wirst fühlen, wie es sanft deinen Gaumen streichelt, weich deine Zunge kitzelt ... zwischen die Zähne gleitet ... und mit ihnen Verstecken spielt.

Versuch' ihm in Gedanken zu folgen, wenn es durch die Kehle hinunterläuft ... Du wirst das Plätschern eines kleinen Wasserfalls hören. Und während es allmählich seinem Lauf folgt, wirst du die Frische in deinem ganzen Wesen spüren ... Schließlich wirst du fühlen, wie es sich in dir sammelt, bereit, dir alle seine Lebensatome zu überlassen.

Es ist wunder - wunderschön! Probier's!
Indem du das Vergnügen, deinen Durst zu stillen, mit der Freude mischst, mit "Schwester Wasser" zusammenzusein, wirst du das fabelhafte Erlebnis der 'Verschmelzung' erleben: Du verlierst dich in ihr, und sie in dir ..... Weil du Materie bist, und auch sie.

Nun sag' mir, wie du es fertigbringen willst, diesen kurzen Augenblick der Ewigkeit zu würdigen, wenn du an etwas anderes denkst, während du trinkst?

Und so ist es mit allen Dingen.

In jeder Minute deines Tages sind ...

in dem, was du tust,
in dem, was du siehst,
in dem, was du hörst,
ganz viele Stückchen Glück zu finden.

Es liegt bei dir, sie zu finden, und die phantastischen Empfindungen zu kosten, die von ihnen ausgehen. Aber wenn du mit deinem Kopf anderswo bist, wirst du es nie schaffen.

Der Wert des Gegenwärtigen ist grenzenlos. Und das Bewußtsein dieser Tatsache wird dir helfen, deine Tage glücklich zu verbringen.

Und ade, du Melancholie!

X *Das Glück verbirgt sich häufig zwischen den täglichen Kleinigkeiten.*

X *Weniger an das Vergangene denken*

Leben heißt... in der Gegenwart leben. Aber es bedeutet auch, in die Vergangenheit zu gehen........ Das ist gut so ..... das Vergangene hilft dir, die Gegenwart besser zu erleben.

Die Probleme beginnen, wenn du zu häufig in die Vergangenheit tauchst und zwischen ihren schlechtesten Seiten herumstöberst.

Willst du glücklich leben?............Mach' es so ... Wenn du an das denkst, was du in der Vergangenheit getan hast - aber nicht hättest tun sollen - dann beschwer' dir nicht die Seele mit dem 'Mea culpa'. Nun ist die Milch mal verschüttet und keine Selbstquälerei wird sie

wieder in die Tasse zurückbringen.
Du kannst dich ohrfeigen, du kannst dir an die Brust schlagen bis zum Geht-nicht-mehr, du kannst deinen Kopf gegen die Wand schlagen, bis er in Stücke geht (oder die Wand) ... aber all das wird deine Fehler nicht ungeschehen machen, wird gar nichts nützen ..... Denk' lieber so:

> *– Wie konnte ich nur einen so furchtbaren Fehler machen?*
> *Wie konnte ich nur eine solche Dummheit begehen?*
> *Ich werde mir nie verzeihen.*
> ***– Halt! Jetzt denke ich an die Vergangenheit. Ich bin daran, mich selbst zu verurteilen. Ich lasse mich von Schuldgefühlen überwältigen. Das ist verkehrt.***
> *Jetzt wollen wir mal an etwas anderes denken ... Ah, richtig ... ich denke an die Gegenwart: An das, was ich gerade tue, was ich gerade sehe. –*

Wenn du dich an das erinnerst, was du an Unkorrektem oder Unmoralischem in der Vergangenheit getan hast, laß' dich nicht von Gewissensbissen plagen. Denk so:

> *– Habe ich unkorrekt gehandelt?*
> *– Na und?*
> *Das bedeutet doch nur, daß ich damals schlecht gehandelt habe, nicht aber, daß ich ein schlechter oder unmoralischer Mensch bin.*

Ich bin nur ein Mensch, und also ist es menschlich, daß ich mich manchmal unkorrekt verhalte. Bin ich etwa ein perfektes Wesen? Die Perfektion ist nicht Sache der menschlichen Wesen, also brauche ich sie auch nicht von mir selbst zu fordern. Ich nehme mir wieder vor, besser zu werden, aber jetzt brauche ich mir keine Schuld vorzuwerfen.–

Wenn du an das denkst, was du nicht getan hast, aber hättest tun sollen, zerbrich' dir nicht den Kopf. Jetzt hast du's nicht getan, und nichts auf der Welt kann dich zurückbringen, um es zu tun.

Wenn du es nicht getan hast, heißt das, daß du es in jenem Moment für besser hieltest, es nicht zu tun, oder daß dich Einflüsse von außen gezwungen haben, es zu unterlassen.

Mach dir keine, überhaupt keine Vorwürfe!
Zu dem Zeitpunkt, in welchem du jenen Fehler begangen hast, hattest du noch weniger Erfahrung, weniger erlebt. Du warst ein anderer Mensch. Du warst nicht der, der du jetzt bist. Du warst nicht Du. Wenn du dir Schuld zuweist, beschuldigst du nicht dich, sondern jemand anderen: Jemanden, den es jetzt nicht mehr gibt.

Weil wir die sind, welche wir jetzt sind, nie die, welche wir waren oder sein werden.
Weil wir jeden Tag sterben, und jeden Tag neu geboren werden.

Nimm dir also nicht Fehler zu Herzen, die jemand anderer begangen hat.

Wenn sich in deinem Geist ein Schuldgefühl regt, dann erlaube ihm ruhig, sich umzusehen, neugierig herumzuschnüffeln, aber hör' nicht darauf, und wirf ihm vielleicht das Fenster vor der Nase zu.
Und du wirst deinen Frieden haben ... mit dir selbst, mit den anderen und mit der ganzen Welt.

Von Zeit zu Zeit einen Kopfsprung in das Meer der eigenen Vergangenheit zu machen, um durch die schönsten Stunden zu schwimmen (und die fröhlichen Gefühle noch einmal zu empfinden, die mit ihnen verbunden sind), ist schön.
Man muß aber achtgeben, um nicht auf den 'Klippen' der eigenen Vergangenheit zu landen, denn sonst könnte der eigene Geist durch Schuldgefühl und Gewissensbisse Verletzungen davontragen.

Und dann ade, schönes Leben.

Die schlimmste Schuld ist die,
sich durch Schuldgefühle quälen zu lassen.

Weniger an die Zukunft denken

Vielleicht lebst auch du in fortwährender Erwartung...

... stets in der Erwartung, daß die Pläne Wirklichkeit werden, denen du einen großen Teil deiner Zeit und deiner Energie widmest

... stets in der Erwartung, daß deine augenblicklichen Probleme sich lösen und die Lage sich bessert

... stets in der Erwartung, mehr Geld zu haben, mehr Besitz, mehr Sicherheiten, mehr Erfolg, mehr Liebe, mehr ... mehr ... mehr ...

und inzwischen schwindet, wie der Sand zwischen den Fingern zerrinnt, das Einzige, was du wirklich hast: Deine Gegenwart.

Ich empfehle dir herzlich:
Hüte dich, den gleichen Fehler zu machen, den schon Millionen von Menschen vor dir gemacht haben.

Was haben sie denn gemacht?
Sie haben aufgeschoben, aufgeschoben und wieder aufgeschoben.
Unterdessen... verrann ihr Leben. Dann, als der Tod kam, merkten sie, daß sie nicht gelebt hatten.

Leb' jetzt, in der Gegenwart!
Genieße die Gegenwart!
Freu' dich am Jetzt!
Auch wenn es deiner Meinung nach nicht viel zu genießen, zu freuen gibt.

Sammle all die Krumen der Freude, die du im Laufe deines Tages findest. Viele Brösel ergeben am Schluß ein schönes Brötchen.

Leb' jetzt, in der Gegenwart!
Genieße die Gegenwart!
Freu' dich am Jetzt!
Und wenn die Sorge vor der Zukunft an deine Tür klopft,... laß' sie eintreten, biete ihr einen Platz an, mach' ihr sogar einen guten Kaffee ... aber hör' nicht auf sie, ich bitte dich!

Leb' jetzt, in der Gegenwart!
Genieße die Gegenwart!
Freu dich am Jetzt!
Auch wenn es deiner Meinung nach nicht viel zu genießen, zu freuen gibt.
Begeh' nicht den gewaltigen Fehler, viel von deiner Gegenwart in materielle Tätigkeiten zu investieren, die dir eine großartige Zukunft garantieren können. Nutze die Zeit lieber, um deine Angst vor der Zukunft zu vermindern ...
... und deine Zukunft wird rosig aussehen, auch wenn du nicht all jene Annehmlichkeiten und jene Sicherheiten hast, die du dir vorstellst und die nach deiner Ansicht notwendig sind, um eine glückliche Zukunft zu verleben.
Denk' oft so:

Die innere Sicherheit ist es, die mein Leben glücklich machen kann, nicht die äußere.

Denk' daran:
DER WIRD EINE WUNDERBARE ZUKUNFT HABEN, DER SICH KEINE ALLZU GROSSEN SORGEN UM SIE MACHT.

Ein sehr guter Rat:

Was du heute kannst besorgen, das verschiebe nicht auf morgen!

Wenn es in deiner Möglichkeit liegt, etwas zu tun, was du schon lang tun willst, tu' es!
Das Leben ist ein zartes Blättchen am Baum der Zeit, und es kann sich bei jeder kleinen Laune des Windes lösen.

Ich habe ein Buch gelesen, in welchem die Geschichten von Leuten standen, die von sehr schweren Krankheiten befallen waren.
Weißt du, was das vorherrschende Motiv ihrer Gedanken war?
Das Bedauern.

Ich glaube, es könnte dir guttun, die bitteren Betrachtungen einer von diesen Personen kennenzulernen.

"Das, worunter ich am meisten leide, ist nicht der körperliche Schmerz oder die Angst vor dem Tod, sondern, daß ich meine Tage nicht bis zur Neige gelebt habe.

Wie dumm bin ich gewesen, nicht einen schönen Spaziergang zu machen, wenn die Sonne schien, weil ich Hausputz machen mußte! Daß ich nicht ins Gebirge gegangen bin, weil ich keinen Schneeanzug hatte! Daß ich nicht auf jene Reise gegangen bin, weil es nicht die geeignete Jahreszeit war!

Wie oft habe ich gedacht: "Ich bin wenig mit den Kindern zusammen. Heute schicke ich sie nicht zur Schule und gehe bummeln mit ihnen." Aber ich habe es nicht getan.

Ach, wenn ich nicht diese dumme Sache hier hätte, wie viele Dinge würde ich machen!"

Mit meinen Kindern würde ich nach Euro-Disney fahren, und ich würde alles ausgeben, was ich habe, um ihnen eine Freude zu machen, und mich freuen, während sie Spaß haben.

Ich würde meinen Mann bitten, sich frei zu nehmen, und würde mit ihm nach Venedig fahren, wie wir es auf unserer Hochzeitsreise gemacht haben.

Ach, wenn ich doch nicht diese Krankheit hätte!!!"

Hast du gesehen, wie furchtbar?

Also ich rate dir dringend........

Verschieb's nicht auf später!
Leb' in der Gegenwart!
Lebe Stückchen für Stückchen, Minute für Minute!

Und es wird schön sein, so zu leben.

Die beste Erwartung ist die, sich nichts zu erwarten.

Die Erfahrung und das Leben

Vielleicht bist du sehr viel gegangen in deinem Leben ... aber du hast den Wert der Strecke nicht erfaßt ...und bist noch weit von deinem Ziel.

Vielleicht hast du viele Leute kennnengelernt ... und viele Städte ... und viele Völker.Aber was nützt es dir, wenn du dein eigenes tiefstes Inneres nicht kennst?

Vielleicht lebst du in Frieden mit den anderen. Aber was bringt dir das, wenn du mit dir selbst nicht in Frieden lebst?

Es ist unnütz, wenn du da angekommen bist, wo du sein solltest, solang du dich nicht kennst, dich nicht genug liebst, wenn du häufig mit deinem eigenen Ich in Fehde liegst, wenn du dein Leben nicht zu nutzen wußtest, um leben zu lernen?
Es ist nie zu spät, um es zu lernen.

Wenn du dich nur darum bemühst.

Man beginnt in dem Augenblick viel vom Leben zu verstehen, wo man sich darüber klar wird, wie wenig man davon verstanden hatte.

Denk ' daran:

UM GLÜCKLICH ZU LEBEN, MUSS ICH MIT DEM GEIST OFT IN DER GEGENWART WEILEN

Halt!
Nicht lesen!

Bleib' einen Moment, ohne zu lesen, und konzentriere dich auf diesen Augenblick.

Was siehst du, wenn du die Augen vom Buch erhebst?
Was hörst du?

Welche Gerüche reizen deine Nase?

DIREKT KOMMUNIZIEREN

An diesem Punkt angelangt habe ich das Verlangen gespürt, mit dir in Kontakt zu treten.

Kommunizieren heißt, sein eigenes tiefstes Inneres auf die Person zu übertragen, mit der man in Verbindung ist, erinnerst du dich?
Ich, der ich schreibe, und du, der du liest, wir sind in Verbindung. Und ich möchte, daß es ein enger, tiefer Kontakt wird. Und eben deshalb kommuniziere ich mit dir.
Aber ich tue es auch, weil es mir gefällt, seelische Verbindungen herzustellen, weil ich Freude daran habe...
weil es schön ist, zu kommunizieren.

Es ist schön, mit dir in Verbindung zu treten!
Zu wissen, daß wir, du und ich, beisammen sind, während du diese Zeilen liest, und auf den Wegen des Himmels spazieren können wie zwei alte Freunde.

Du kannst dir das nicht vorstellen?
Ich helf' dir.

Ich bin ein Gedanke: Ein abstraktes Wesen, das durch das Universum kreist. Auch du bist ein Gedanke, der wie ich durch das Universum kreist.
Wenn unsere Körper sich getroffen hätten, hätten sie sich bei einander eingehakt und wären die Allee hinunter spazierengegangen. Es waren jedoch unsere Seelen, die sich begegnet sind. Deshalb bedarf es keines Einhakens der Arme und keiner Straßen, um zusammen zu sein: Es genügt ein beliebiges Mittel, um uns in Berührung zu bringen.

Nun gut, ich übersetze meine innersten Gedanken in Worte und übertrage sie auf dieses Stück Materie, das die Menschen Papier nennen. Du brauchst nichts zu tun, als sie zu nehmen, oder besser, sie zu lesen, und sie in dein Herz zu schließen.
Ich mag vielleicht eingebildet sein, aber ich glaube, sie werden deinem Herzen mehr Größe schenken.

Aber jetzt sehen wir mal, was ich dir mitteilen kann, sehen wir, was ich in diesem Augenblick fühle.

Ah ja, richtig, Neugier.
Ich werde jetzt versuchen, in Worte zu fassen, was ich empfinde.
Da sind sie schon ...

Was denkst du?
Was geht dir durch den Kopf, wenn du diese Seiten liest, auf denen ich (Gedanke eines Körpers, den die Menschen Omar nennen) mich mit dir in Verbindung setze?

Denk' nicht, daß ich dir nützlich bin, daß das Geld, um dieses Buch zu kaufen, gut angelegt ist.
Versuch' doch vielmehr, mit mir auf diesen Seiten zu spielen.
Laß' dich gehen zwischen Zeilen und Silben!
Amüsier dich! Lach'! Freu' dich!
Und du wirst sehen, daß der Schatten des Dunkels um dich herum verfliegt.

Anstatt die Logik einzusetzen, wenn du mich liest, lies mit dem Herzen.
Versuch' zu denken, daß manchmal ein Satz nur deshalb wertvoll sein kann, weil es schön ist, ihn zu lesen.
Viele Sätze dieses Buches habe ich so geschrieben, weil es mir Spaß machte, sie zu schreiben, um der Freude wegen, sie zu schreiben.
Gelingt es dir, die Freude zu spüren, mit der ich sie geschrieben habe?
Kannst du meine Heiterkeit spüren?

Wie schön, in Verbindung zu sein!

Jetzt gerade spüre ich noch einmal Neugier. Ich versuche, sie in Worte zu bringen.

Was denkst du?

Was geht dir durch den Kopf, wenn du diese Worte liest, die dir meine Seele öffnen, das Tiefinnerste meines Wesens?

Gelingt es dir, aus dir selbst heraus und in mich hineinzuschlüpfen?

Schaffst du es, mit mir zu kommunizieren?..'Fühlst' du mich?

Wie schön, zu kommunizieren!

Komm! Gib dir einen Ruck!

Du darfst nicht an mich denken als einen Experten, der dir gute Ratschläge geben möchte, sondern als eine Seele, die dir sich selbst geben will.

Auf! Versuch's doch!

Öffne diesen Mantel aus Kälte, der dich umgibt, wenn jemand in dein tiefstes Ich vordringen will ... öffne deinen Verteidigungsring ... laß' dich gehen ... und kommuniziere mit mir.

Wie schön, in seelischer Verbindung zu sein!

Spürst du in diesem Augenblick die Heiterkeit, die in mir ist und die ich dir auf diesem weißen Blatt übertrage?

Fühlst du die Freude, von der mein Herz überfließt, und die sich in dein Herz ergießt?

Es sind meine Liebe und meine Begeisterung für das Leben, empfindest du sie?

Nimm diese großen Freunde meines Geistes,und leg' sie in den deinen. Halt' sie gut fest und laß' sie dir nicht entwischen.

Vielleicht ist es das, was du brauchst, um dein Leben glücklicher zu gestalten ... zu wissen, wie man mit anderen inneren Kontakt aufnimmt.

Mit anderen zu leben bedeutet nicht, bei ihnen zu sein,
sondern mit ihnen zusammenzusein.

Willst du etwas
Gescheites tun?
Lies langsamer.

Beherrsche deine Lust, so schnell wie möglich weiterzukommen, um zu erfahren, was für interessante Sachen da noch kommen.

L i e s l a n g s a m e r.

TITEL DES KAPITELS ???????

Titel des Abschnitts ??????

Du fragst dich nach dem Sinn dieser Fragezeichen? Gleich werde ich dir antworten.

Vielleicht brauchst auch du, ehe du etwas Neues beginnst, Bestätigungen, die dir das Unternehmen wenig riskant erscheinen lassen.
Du möchtest sicher sein, keine Verluste zu erleiden (an der Gesundheit, an Geld oder Zuneigung, und so fort) ...und reduzierst deine neuen Erfahrungen auf das Minimum.
Nur - so reduzierst du auch dein Leben auf's Minimum!
Denn das Leben bietet dir ungeheuer viele Möglichkeiten des Glücks, und wenn du sie ergreifen willst, mußt du die Furcht vor dem Unbekannten überwinden... und dich oft auf neue Erfahrungen einlassen.

Die schönsten Dinge im Leben haben den Charakter von Abenteuern. Du aber magst Abenteuer nicht so recht, und so verzichtest du auf sie...
... verzichtest auf unendlich viele Freuden und Vergnügen
... verzichtest auf ein wirklich großartiges Leben
... verzichtest darauf, zu 'fliegen'.

Willst du glücklich leben? ..... Möchtest du das Leben in all seinen wunderbaren Facetten genießen? ...
... dann gewöhne dich an das Abenteuer.

Gewöhn' dich daran, nicht zuviele Informationen über das zu brauchen, was du zu tun planst. Gewöhn' dich daran, auf Vorhersagen, Zusicherungen und Gewißheiten zu verzichten.

Gewöhn' dich daran, Türen zu öffnen, ohne erst wissen zu wollen, was in dem anderen Zimmer ist.
Gewöhn' dich an das Neue.

Damit du dich an das Neue gewöhnst, gebe ich weder diesem Kapitel, noch den einzelnen Abschnitten Überschriften.
Und ich mache es so, daß die Lektüre dieses Buches für dich abenteuerlicher wird, als sie es bis jetzt war.

Ich rate dir gut ...
Zwing ' dich, die nächsten, sehr sonderbaren Seiten zu lesen, ohne dich darüber zu ärgern.
Und du wirst es leicht schaffen, dich nicht aufzuregen, auch wenn du dich - nicht ganz freiwillig - vor der Aufgabe sehen wirst, dich mit dem Neuen, dem Andersartigen, dem Irrationalen auseinandersetzen zu müssen.
Und du wirst es ohne Problem fertigbringen, dich kopfüber in die schönsten Abenteuer des Lebens zu stürzen, ohne die Sicherheit zu haben, daß alles glattgehen wird.
Und du wirst oft lächeln können.

Die wahre Sicherheit besteht darin, keine zu brauchen.

In deinem Herzen, unter einer Schicht Asche, ist noch ein Herz: Dein Kinderherz.
Es ist jünger als dein Herz, frischer, größer. Und es hat ein ungeheueres Verlangen, dazuzulernen, zu entdecken...
und die außergewöhnliche Fähigkeit, über das zu staunen, was es kennengelernt, entdeckt hat.

Es würde sich auch gern ins Neue, ins Abenteuer stürzen, aber du ziehst es selten hervor, staubst es ab und trägst es in der Welt spazieren auf der Suche nach neuen Horizonten.
Und es leidet.
Und so fühlst auch du dich wenig glücklich.

Als du jünger warst - weißt du noch ? - wolltest du mehr darüber wissen, mehr verstehen, mehr entdecken. Du warst oft neugierig. Du gerietest aus einem Abenteuer ins andere ... Du bist oft ausgerutscht, aber du kamst wieder auf die Beine und gingst weiter. Du hattest heillose Enttäuschungen, aber du stecktest sie weg und gingst wieder zum Angriff über.
Und dein weites Kinderherz kreiste glücklich am Himmel des Lebens.
Und es schenkte dir Berge von Freude.

Und jetzt?
Deine Freude am Abenteuer, wo ist sie geblieben?
Du hast sie für eine Handvoll Sicherheit eingetauscht?
Du hast sie weggesperrt, um Stürze und Enttäuschungen zu vermeiden?

Das, glaub' es mir, ist nicht die beste Art zu leben.
Dein weniges Glück ist der Beweis dafür.

Auf! Tu' etwas!
Wenn du nicht willst, daß dein Körper alt wird, halte deinen Geist jung!

Auf! Unternimm etwas!
Beweg' dich heraus aus deiner bequemen, leeren Alltäglichkeit!
Wach' auf aus deiner seelischen Erstarrung!
Wirf deine Ängste in den Wind!
Suche neue Interessen, neue Erfahrungen, neues Leben.
Und dein weites Kinderherz wird wieder anfangen, kräftig in deiner Brust zu schlagen. Und es wird dir mit jedem Schlag tausend Atome Freude schenken.
Und du wirst es oft schaffen, auf die vielen Züge des Lebens aufzuspringen, ohne zu wissen, an welcher Station du aussteigen mußt.
Und das Leben wird schön sein.

Das Leben ist im Grunde ein schönes Spiel,
deshalb ist es besser, Kind zu sein.

Vielleicht verzichtest auch du häufig auf das Neue, weil du glaubst, daß dir Ungelegenheiten entstehen könnten, denen du nichts entgegenzusetzen hättest.

Vielleicht denkst auch du angesichts eines neuen verführerischen Vorschlags so:
"Wer sagt mir, daß ich Wege beschreiten soll, die ich nicht kenne?"
"Es ist nicht nötig, diese Erfahrung zu machen. Besser darauf verzichten."
Tja, das ist eben deine übertriebene Vorsicht, oder besser, deine maßlose Angst vor dem dir nicht Vertrauten.

Vermutlich ist deinem Geist die alte Weisheit eingeprägt: *"Wer die alte Straße verläßt und eine neue geht, der kennt das, was er hinter sich läßt, nicht aber das, was ihn erwartet.*" Sicher, dieses Wort ist nützlich, aber wenn du dich häufig nach ihm richtest, kann es dir auch eine Menge Schwierigkeiten bereiten, denn: *"WER SICH NICHT VIEL BEWEGT AUS ANGST, SICH DIE BEINE ZU BRECHEN, WIRD SCHLIESSLICH LAHM."*

Ohne Zweifel ist es deine eigene zu geringe , die dich an die Startblöcke fesselt, wenn du dich in ein Abenteuer stürzen möchtest. Sie ist es, die deinen Mut sinken läßt, die deinen Optimismus beschneidet, deine Begeisterung dämpft, die dich fürchten läßt, keinen Erfolg zu haben, und dich folglich in den Augen der anderen - aber vor allem in deiner eigenen Einschätzung - herabsetzt.

Von heute an darfst du dies nicht mehr hinnehmen. Bekämpf' deine wacklige Selbstachtung!
Bekämpf' deine Angst vor dem Unbekannten!
Setze gegen sie all deine innere Kraft ein, all deine Schläue, all deine unterdrückte Wut.
Wart' nicht auf bessere Zeiten, um es zu tun!
Nicht aufschieben!
Ein erfüllteres Leben erwartet dich.
Das Leben aber wartet nicht.

Die Dinge, die man am meisten tun müßte,
sind die, die man nicht zu tun versteht.

Möchtest du die höchsten Höhen des Glücks erreichen?
Dann mußt du dir Reichtümer schaffen.
Aber nicht in Form von Geld, von Gütern oder

zukünftigen Sicherheiten ... sondern vielmehr neue Kenntnisse, neue Begriffe, neue Erfahrungen, neue Horizonte ...
um mehr zu staunen ...
um dich mehr zu freuen ...
um mehr zu lieben.

Willst du die höchsten Höhen des Glücks erreichen? Dann mußt du dich entwickeln.

Sich zu entwickeln ist eine elektrisierende, eine erhabene, eine phantastische Erfahrung.
Es bedeutet, viele verschiedene Personen in nur wenigen Jahren zu sein.
Es bedeutet, während nur eines einzigen Lebens mehrere Male zu leben.
Und es bedeutet, in der aufrichtigsten und schönsten Weise zu leben, die möglich ist.

Aber um das zu erreichen, mußt du zu mehr Risiko bereit sein.

Von heute an besieg' die Angst vor dem dir nicht so Vertrauten ...
und wage dich in die Welt hinaus.

Du wirst stolpern?
Aber auch wachsen.

Du wirst dir Enttäuschungen einhandeln?
Aber auch viel Freude erleben.

Du wirst etwas einbüßen?
Aber auch viele Genugtuungen erleben.

Das ist Leben, glaub' mir. Du solltest dich nicht

in eine schöne psychologische Burg einschließen ...

... und die Welt von ihren Türmen und Zinnen aus beobachten ...

... und dich mit schönen Diners, schönen Trinkgelagen und schönen Umarmungen gegnügen ...

... und Inklusivreisen machen, alles organisiert, alles eingeschlossen.

Wenn du aus Angst vor dem dir nicht recht Vertrauten auf neue Erfahrungen verzichtest, wird sich deine Lust auf Neues immer mehr verringern. Folglich werden deine Untätigkeit und deine Furcht vor dem Unbekannten noch wachsen. Folglich wirst du von neuen Erfahrungen noch weniger wissen wollen. Folglich werden deine Inaktivität und deine Angst noch größer werden ... und so fort.

Mein nachdrücklicher Rat:

Hüte dich, in diesen verhängnisvollen Teufelskreis zu geraten!

Dein Geist braucht alle Tage seine Nahrung. Er bedarf jeden Tag des neuen Lebenselixiers.

Laß' ihn nicht darben. Laß' ihn nicht vertrocknen!

Ich rate dir:

Versuch' dich vertraut zu machen mit den Dingen, die du nicht kennst.

Mach' es dir zur Pflicht, Dinge zu tun, die du noch nie getan hast.

Begib dich also auf Entdeckungsreise nach dem Neuen!

Das Neue freilich kann auch das Alte sein, gesehen mit neuen Augen.

Auf, mach einen neuen Menschen aus dir! Arbeite an dir! Ändere dich!

Und du wirst sehen, daß dir ein großer Teil der alten Dinge, die du jetzt schon kennst, als etwas ganz Neues erscheint.

Das Leben besteht nicht darin, sich eine unter wirtschaftlichen, emotionalen und gesellschaftlichen Gesichtspunkten strategisch günstige Position zu schaffen und dieses Bollwerk zu verteidigen, sondern es ist eine unendliche Folge von Erfahrungen.
Wenn du dich bewegst, wenn du als Persönlichkeit wächst, lebst du ... Wenn du dich nicht bewegst, wenn keine Entwicklung stattfindet, ist das Erstarrung, psychologischer Tod.

Um sagen zu können: *"Ich lebe"*, mußt du imstande sein, die Welt mit stets neuen Augen und einem klaren Geist wahrzunehmen.
Und das bringst du nur fertig, wenn dein Leben jeden Tag reicher wird.
Und das gelingt dir nur, wenn du zu mehr Risiko bereit bist.

Um dein Leben zu verbessern, brauchst du nicht unbedingt all deine ge[illegible]n aufzugeben, sondern n[illegible] bringen. Gleichzeitig so[illegible] die dich bereichern und dir o[illegible]machen können.

Wie sehr hat dich der Tintenfleck gestört, der dich gehindert hat, den vorhergehenden Abschnitt normal zu lesen?

Sehr?
Dann empfehle ich dir wärmstens, zurückzugehen zur Seite- ach ja, Seitenzahlen gibt's ja nicht - tja, dann zum Abschnitt "Die gesellschaftlichen Unzulänglichkeiten akzeptieren", und ihn mindestens hundertmal zu lesen.

Wie sehr hat dich der Tintenfleck gestört, der dich gehindert hat, den vorhergehenden Abschnitt normal zu lesen?

So gut wie gar nicht?

Fein, ich gratuliere dir! Denn das zeigt, daß du begonnen hast, die Kunst des Akzeptierens zu erlernen. Und das heißt, daß du angefangen hast, die Kunst des Lebens zu erlernen.

Aber jetzt nehmen wir unseren Gang wieder auf.......Wart' einen Augenblick, ich wiederhole dir den Abschnitt mit dem Fleck.

Um dein Leben zu verbessern, brauchst du nicht unbedingt all deine gegenwärtigen Interessen aufzugeben, sondern nur die, welche dir nichts bringen. Gleichzeitig solltest du dir neue schaffen, die dich bereichern und dir oft Freude machen können.

Du mußt also lernen, die Faszination des Lebens zu fühlen, um in die Dinge einzudringen und in ihnen jene innere Ausgeglichenheit und das Glücksgefühl zu finden, das du schon so lange suchst.

Und es wird dir gelingen, dich oft in die schönsten Abenteuer des Lebens zu stürzen, ohne die Gewißheit zu haben, daß da keine Klippen sind.

Und es wird schön sein, zu 'schwimmen'.

Oft geht man das schlimmste Risiko ein -
indem man nichts riskiert.

Riskier' mehr!

Damit will ich dir nicht vorschlagen, dich kopfüber in alle Abenteuer zu stürzen, die sich dir bieten. Aber in einige - mit ein wenig Augenmaß - sehr wohl.

Riskier' mehr!

Von heute an, wenn du daran bist, etwas Neues zu tun, und dein boshafter kleiner Geist bremst dich, indem er dir einredet: *"Vorsicht, Gefahr! ... Da riecht es verbrannt ...Da verliere ich Geld oderZeit!"*, lös' die Bremse und stell' die Sache richtig mit etwa so einem Gedanken:

— Halt! Einen Augenblick!
Das ist meine negative Seite, die versucht, mich zu blockieren.
— Halt! Einen Moment!
Sind die Risiken, die ich eingehe, wirklich groß? Oder ist es meine übertriebene Angst vor dem Neuen, die sie mich so sehen läßt?
— Halt! Einen Augenblick!
Sehen wir mal, was ich einbüßen

könnte.
Wenn ich es recht bedenke, sind die Verluste, die ich machen könnte, doch nicht so riesig.
*— **Also, ich werde diese neue Erfahrung machen.***
Klar, für eine Erfahrung bezahlt man, und manchmal sind die Rechnungen auch gesalzen, aber es ist auf lange Sicht die sicherste Methode, meine Persönlichkeit zu verbessern ... und damit mein Leben.—

Riskier' mehr!

Von heute an, wenn du daran bist, etwas Neues zu tun, und dein boshafter kleiner Geist bremst dich, indem er dir einredet: "Ich bin nicht fähig, dies zu tun ... Ich hab' keine Erfahrung auf diesem Gebiet ...Ich werde das bestimmt nicht hinkriegen ..." , lös' die Bremse und stell' das Ganze richtig mit einem Gedanken etwa dieser Art:

— Halt! Einen Moment!
Das ist meine negative Seite, die mich zu blockieren versucht.
— Aber ich werde nicht auf sie

hören.
Wenn ich es nie versuche mit irgendeiner Unternehmung, in der ich keine Erfahrung habe, wird sich meine Angst vor neuen Dingen nie vermindern, meine Selbstachtung wird sich nie vergrößern... und ich werde weiterhin wenig glücklich leben.
*— **Darum mach' ich das jetzt!***
— Habe ich wenig Vertrauen in meine Fähigkeiten?
— Unwichtig! Ich versuch' es trotzdem.
Wenn ich es schaffe, gut, sonst ist es auch gut. Ich werde Erfahrung sammeln.
Nur indem ich eine schöne Anzahl von Erfahrungen ansammle, werde ich das Leben bis in den Grund verstehen und glücklicher leben können. —

Riskier' mehr!

Wenn du langsam, Schritt um Schritt, immer mehr wagst, werden sich dir neue und unermeßliche Horizonte öffnen, aus denen du Freude und Überfluß wirst schöpfen können. Und falls dich ab und zu der Gedanke zurückhält, du könntest stolpern, denk an folgenden Spruch: *"SCHLECHTE ERFAHRUNGEN LEHREN GUT ZU LEBEN."*

Riskier' mehr!

Tu' so oft wie möglich das, wozu dich deine Lust nach dem Neuen treibt.

Tu' so oft wie möglich das, wozu dich deine Neugier treibt.

Tu' so oft wie möglich das, wozu dich deine 'Verrücktheit' treibt.

Und er wird dir glücken, die tausend unbekannten, wundervollen, unendlichen Wege des Lebens zu gehen, ohne Karten, Fremdenführer und Wegweiser zu benötigen.

Und die Reise wird schön sein.

Manche Leute haben ein langes Leben,
aber sie leben sehr wenig.

Denk' daran:

UM GLÜCKLICH ZU LEBEN, MUSS ICH MEHR RISKIEREN

Willst du etwas Gescheites tun?
Notier' dir auf dem weißen Teil dieser Seite die Sätze der vorhergehenden Seite, die für dich passen.
Schreib' sie dir dann sobald wie möglich in ein Notizbuch.

Behalte das Notizbuch immer in der Tasche und lies es, wenn du während des Tages mal nichts zu tun hast.

DIRECT LERNEN

In einem der vorhergehenden Kapitel habe ich dir empfohlen, das mehr zu schätzen, was du schon hast, weißt du noch?
Ich habe dir gesagt, daß du, um glücklich zu leben, dir die Dinge ansehen mußt, die du schon hast, um all ihre Eigenschaften genießen zu können, erinnerst du dich?
Heute, einige Monate später, ist mir folgender Zweifel gekommen:
"Für die Leute, die mich lesen, wird es nicht leicht sein, sich daran zu gewöhnen, diese Dinge mehr zu schätzen.
Wie hilft man ihnen? Was muß ich mir ausdenken, um ihnen zu helfen?
Ich hab's!
Ich werde sie anleiten, es mit Hilfe dieses Buches zu üben."

Und so habe ich diesen Abschnitt eingefügt.

Lernen, die Dinge mehr zu schätzen

Jedes Ding auf Erden besitzt eine bestimmte Anzahl an objektiven schätzenswerten Eigenschaften.
- Der Kaffee zum Beispiel hat drei solche Eigenschaften:
Sein Aroma,
seinen Geschmack,
seine anregende Wirkung.
- Eine Katze zum Beispiel hat fünf:
Ihre charakteristischen Augen,
ihr weiches Fell,
ihre Gelenkigkeit,
ihre Zutraulichkeit,
ihre Zurückhaltung.

- Ein Dorf im Gebirge zum Beispiel besitzt dreiundzwanzig:
Seine typischen Sträßchen,
seine originellen Häuschen
die bunten Blumen auf den Balkonen,
die Einfachheit seiner Bewohner
etc. etc. etc. etc. p.p. ...

X Jemand, der zu 'sehen' vermag, der die Dinge zu schätzen weiß, bemerkt sofort all die positiven Eigenschaften dessen, was er hat oder sieht. (Irgendwer hat ihm beigebracht, zu schauen und zu schätzen. Und jetzt hat er kein Problem damit, es zu tun.)

Jemand, der dies nicht kann, bemerkt nicht all die inneren Qualitäten der Dinge. Er nimmt nur einige davon wahr ..... und versäumt so die Gelegenheit, das, was er hat oder das, was er sieht, gründlich zu genießen ... und empfindet nur einen kleinen Teil des Vergnügens und der Freuden, die sich in allen Dingen verbergen.
Und sein Leben verrinnt so und so.)

Dieses Buch weist dreiunddreißig schätzenswerte Eigenschaften auf. Sicher hast du schon einige davon bemerkt. Aber da sind noch andere, die dir nicht aufgefallen sind.
Vielleicht weißt du nur zwanzig davon zu schätzen. Und es entgeht dir das Vergnügen und die Freude mit den übrigen zwölf. Das passiert, weil dich niemand gelehrt hat, die Qualitäten einer Sache von oben bis unten wahrzunehmen.
Ich werde es versuchen, und dabei die direkte Lehrmethode anwenden.

X Einen guten Rat:......Versuch', ein bißchen Einsatz zu bringen, ein wenig Beharrlichkeit, eine Prise Phantasie, und ... leg' ein großes Stück von deinem Herzen drauf.)

Wenn du lernst, dieses Buch ganz und gar zu schätzen, wirst du auch lernen, dies mit all den Dingen zu tun, die du besitzt und die du siehst. Du wirst mindestens achtzig Prozent ihrer objektiven Eigenschaften sehen.
Und dein Leben wird zu hundert Prozent glücklich verlaufen.

Wart' einen Moment!
Mein boshafter kleiner Geist will mir etwas einreden. Ah, daher weht der Wind: *"Aufpassen, Omar! Hör' auf damit, Omar! Wenn du dein Buch lobst, wird der Leser dich eingebildet nennen!"*

Aber ich antworte ihm:
"Was mein Leser denkt, interessiert mich nicht, wenn er nur die Kunst, die Dinge mehr zu schätzen, die Kunst zu leben lernt. Deshalb hör' ich eben nicht auf, und mache ruhig weiter."

Schätze dieses Buch höher!
Vergleiche es nicht mit anderen, ähnlichen Büchern!
Denk' nicht darüber nach, wie es sein könnte ... darüber, was es nicht enthält,
sondern, wie es ist und was es bietet.
Verkoste, was seine Seiten an Gutem enthalten.
Entzücke dich über seine schönsten Ausdrücke.
Laß' dir seine lieblichsten Worte auf der Zunge zergehen!
Probier' seine Originalität!
Suche seine feinen Nuancen zu erfassen!

Lächle (falls du Lust dazu hast), wenn dir ein Abschnitt unterkommt, der dir sympathisch ist.
Lach' (falls es dir paßt), wenn du eine Passage liest, die dich humorvoll stimmt.

Schätze dieses Buch mehr!
Sieh in ihm nicht nur das, was dir nützlich sein kann.
Gib dir stattdessen etwas Mühe, seine vielen hübschen Stellen zu bemerken!
Behandle es nicht einfach als einen Gegenstand, den man benutzt, und Schluß!
Betrachte es als etwas, das man liebt und schätzt!
Betrachte es als einen Freund, der dir Gesellschaft leistet.

Wenn du es in Händen hältst, wenn du es liest, konzentriere dich auf den Augenblick, den du mit ihm verlebst.
Lies es langsam.
Lies es aufmerksam.
Lies es mit Verstand.

Aber lies es vor allem mit klarem Geist und offenem Herzen.

Willst du etwas Gescheites tun?
Leg' dieses Buch auf das Armaturenbrett deines Autos... und, bei jeder Unterbrechung des Verkehrs, öffne es auf's Geratewohl und lies einige Zeilen.

Ich empfehle dir ...
Nutze all die 'toten' Zeiten deines Tages, um deine Persönlichkeit weiterzuentwickeln, um dein Leben zu verbessern.

SICH SELBST ANNEHMEN

Unser wahres Ich

Manchmal möchten wir am liebsten heraus aus unserer Haut:
Heraus aus jenem Durcheinander von Wünschen, von Sehnsüchten, von verworrenen Versuchungen ...
um uns abzulenken,
um nicht mehr an die Probleme zu denken, die uns plagen
um ausgeglichener zu werden.

Manchmal möchten wir am liebsten heraus aus unserer Haut:
Heraus aus unseren Irrtümern,
aus unseren Zweifeln,
aus unseren Enttäuschungen ...
um auf jene wunderschöne Insel zu verschwinden, von der wir immer geträumt haben ... wo es keine Bosheit, keine Ungerechtigkeiten, keine Fallstricke gibt ... wo wir das wunderbare Leben leben können, das wir immer herbeigesehnt haben.

Ganz verkehrt ...
Um diese unsere Träume zu verwirklichen, dürfen wir nicht aus uns herausfliehen, sondern wir müssen in unser Inneres, in unser eigenes Ich einkehren ...
... aber nicht in das Ich, das wir kennen, in das falsche Ich, das wir uns aufgebaut haben, um uns vor dem Leben zu verteidigen ...
... sondern vielmehr in unser wahres Ich: Das schönste, außergewöhnlichste, phantastischste Ich, das wir besitzen ...
... denn nur dieses kann uns glücklich machen.

Wir suchen das Glück überall, außer da,
wo es sich verbirgt - nämlich in uns selbst.

Die eigenen körperlichen Mängel annehmen

Vielleicht hast auch du Probleme mit der 'Linie', oder kleinen Pickeln im Gesicht, oder etwas anderem in oder an deinem Körper, und du gefällst dir nicht ... du akzeptierst dich nicht ...und du sagst immer wieder Sätze wie: "*Wer soll denn schon zu mir wollen, so wie ich aussehe?*"

Du machst einen großen Fehler, wenn du so denkst. Ich kenne eine ganze Menge Leute mit irgendeinem körperlichen Defekt, die bei anderen äußerst gefragt sind.

Und weißt du, warum?....Weil sie sympathisch sind. Und weißt du, warum sie sympathisch sind?
Weil sie die Angst beseitigt haben, von den anderen auf Grund ihrer nicht allzu großen Schönheit nicht akzeptiert zu werden ...und so zeigen sie ihre Echtheit und Unverwechselbarkeit.

Deshalb: Falls du glaubst, als Person
zu dick oder zu dünn,
zu groß oder zu klein zu sein, oder
eine zu lange oder eine zu kurze Nase zu haben
... tu nichts, um dich zu ändern: Sei einfach Du selbst!
Und du wirst die perfekteste Person der Welt sein.

Akzeptiere dich selbst! So wie du bist.

Die Schönheit, die wirklich zählt (und die dazu führt, glücklich zu leben), ist die innere Schönheit.
Mach' dich also nicht daran, deinen Körper attraktiver zu machen.
Bemühe dich lieber, deinen Geist besser zu machen.

Akzeptiere dich selbst! Liebe dich selbst!
Ganz ungeniert, ohne falsche Scham, vorbehaltlos!
Und jage jenes feine Stimmchen weg, das dir einreden will, du seist keine besonders schöne Person.

Und dein Geist wird schöner werden.

Und dein Leben wird schöner werden.

Nicht der wirkt komisch, der sonderbar aussieht,
sondern der glaubt, es zu tun.

Die eigenen psychologischen Mängel annehmen

Du wärst gern stärker, beharrlicher, mutiger ... um die schwierigen Kämpfe des Lebens zu bestehen.

Und du wärst gern mehr Herr deiner selbst, stündest gern mehr über den Dingen, wolltest, daß dich nie die Wut übermannte ... um oft die Gelassenheit an deiner Seite zu haben.

Und du wärst gern ...
tüchtiger ... um in all dem erfolgreich zu sein, was du tust,
liebenswerter, um mehr Liebe zu empfangen
wichtiger, um mehr Achtung zu genießen.

Und du würdest gern nie irren,
dich nicht von Zweifeln, von Sorgen und vom Pessimismus zerfressen lassen.

Und du wärst gern so. Und du wärst gern so.

Nur leider bist du nicht, wie du gerne wärst.
Und darüber bist du wütend, du verurteilst dich dafür, du machst dir ein Problem daraus, du zermarterst dir das Gehirn und grübelst darüber nach.

Einen größeren Fehler könntest du gar nicht machen.
Du mußt dich vielmehr akzeptieren, mußt dich nehmen, wie du bist.

Denk' oft so:

– Ich kann sehr gut ein glückliches Leben führen, auch wenn ich nicht so bin, wie ich gerne wäre. –

Denk' daran: *UM GLÜCKLICH ZU LEBEN, MUSS MAN NICHT VIELE QUALITÄTEN BESITZEN, SONDERN DIE ZU NUTZEN WISSEN, WELCHE MAN HAT.*

Wenn du über dich nachdenkst, denk' nicht schlecht von dir.
Akzeptiere ruhig deine Schwächen.
Es ist nichts Schlimmes dabei, ein paar Muttermale auf der Seele und ein paar Narben auf seinem Geist zu haben.

Wenn du über dich nachdenkst, denk' nicht schlecht von dir.
Ärgere dich nicht, wenn du nicht bist, wie du sein möchtest, sonst wirst du nie die Ausgeglichenheit besitzen, die du brauchst, um so zu werden, wie du sein möchtest.

Wenn du in dein Inneres schaust, tu' es heiter.
Habe keine Bedenken, dich so zu sehen, wie du wirklich bist. Hab' keine Angst vor deinem eigenen Urteil. Niemand kann dich verurteilen, nicht einmal du selbst.

Auch wenn du viele Fehler hast, bleibst du doch immer ein Mensch. Deshalb darfst du dich nicht verletzen lassen von Urteilen, Einstufungen und psychologischen Verurteilungen.

Denk' oft folgendes:

— Ich muß mich akzeptieren ... so wie ich bin.

— Ich muß mich akzeptieren: Auch wenn ich nicht so bin, wie ich gern wäre. —

Wenn du über dich nachdenkst, begeh' nicht den Fehler, deine Fehler oder deren Zahl zu vergrößern.......... Wir haben alle Fehler, aber wenn wir den Moralischen haben, meinen wir, sie seien größer und mehr an der Zahl, als sie in Wirklichkeit sind.

Wenn du über dich nachdenkst, erzähl' dir selbst keine Lügen: Versuch' dir zu sagen: *"Ich bin so, so und so."* Mach dir selbst nicht vor, du seist so, wie du nicht wirklich bist, sonst hast du am Ende noch zwei verschiedene Persönlichkeiten: Eine wahre und eine falsche.
Und das wäre ein ganz hübsches Problem.

AKZEPTIERE DICH SELBST! LIEBE DICH SELBST! WIE DU BIST!
Und lösche aus deinem Geist die Idealperson, die du gern sein möchtest: Jene perfekte Gestalt, die du mit deiner schönen Phantasie geschaffen hast und mit der du dich oft vergleichst, nur um Enttäuschungen und Frustration zu ernten.
Ersetze sie durch eine weniger ideale, weniger perfekte Figur: Dich selbst.

AKZEPTIERE DICH SELBST! LIEBE DICH SELBST! JETZT GLEICH!
Und warte nicht damit, das zu tun, was dir gefallen würde, bis du besser bist .... Und warte nicht damit, dein Leben zu genießen, bis dein Leben besser sein wird.

Du kannst auch jetzt sehr gut ein glückliches Leben führen, mit deiner gegenwärtig noch unvollkommenen Persönlichkeit. .... Denke oft folgendes:

— Ich kann sehr gut ein glückliches Leben führen, auch mit meinem derzeit nicht sehr glücklichen Leben. —

Die größte Schwäche ist es, die eigenen Schwächen sich selbst gegenüber nicht zuzugeben.

Die eigenen inneren Konflikte akzeptieren

Wie sehr hat es dich gestört, das Kleingedruckte auf der vorigen Seite zu lesen?............. Kaum?

Bestens...... Du bist daran, die Kunst des Lebens zu erlernen. Aber jetzt weiter.

In unserem Geist wohnen viele 'Ichs':

Das gute und das schlechte Ich,
das mutige und das ängstliche Ich,
das rationale und das irrationale,
das Ich des Kleinkindalters, das der Kindheit und das erwachsene Ich.

Und jedes von ihnen hat seine Begriffe, seine Ideen, seine Gefühle, seine Bedürfnisse, die zu befriedigen, und seine Wünsche, die zu verwirklichen sind.

Unsere 'Ichs' sind wie die Abgeordneten eines Parlamentes.

Da gibt es die sozialistischen, die grünen, die konservativen, die kommunistischen, die 'Ichs' der extremen Rechten und so fort.

Wenn wir eine Entscheidung treffen müssen, tritt das Parlament zusammen, und jedes unserer "Ichs' sucht die anderen zu überzeugen, daß seine Operationspläne die besten sind. So entstehen die 'inneren Konflikte'.

Innere Konflikte zu haben, ist normal, völlig normal. Jeder von uns muß sie haben, und wehe, wir hätten sie nicht.

Wenn es in unserem Geist keine Konflikte, Zweifel und Unsicherheiten gäbe, würde sich eine psychologische Diktatur etablieren.

Es wäre eine Tragödie.

Wir würden immer Entscheidungen derselben Art treffen. Wir würden stets demselben Weg folgen.

Alles wäre leicht ..... alles ginge glatt ..... alles wäre völlig einförmig. Aber es wäre auch das Ende unseres Denkens, der Tod unseres seelischen Lebens.

Die inneren Konflikte an sich sind nicht störend. Es ist die Angst, die wir an sie koppeln (ohne uns darüber klar zu sein), und die sie uns als störend empfinden läßt. Und die Verminderung dieser Angst ist es folglich, auf die wir unsere Energien konzentrieren müssen, nicht die Beseitigung der Konflikte.

Soll ich dir etwas sagen?
Ich lebe glücklich, nicht weil mein Geist von Konflikten frei wäre, sondern weil ich sie akzeptiere (mich akzeptiere).

Ich sag' dir sogar noch mehr ...
Ich amüsiere mich köstlich, wenn ich beobachte, wie sich meine vielen 'Ichs' in meinem Kopf in die Haare geraten.
Und ich sage dir auch, daß ich oft über sie lache - über mich lache.
Und manchmal empfinde ich sogar eine gewisse Zärtlichkeit ihnen gegenüber.

Mach' es doch auch du so!
Akzeptiere in aller Ruhe all die 'Ichs' deiner Persönlichkeit.
Akzeptiere ganz gelassen:
Deine Güte, aber auch deine Bosheit,
deinen Mut,aber auch deine Angst,
deine Kraft, aber auch deine Schwäche,
deine Intelligenz, aber auch deine Dummheit,

AKZEPTIER' DICH!

Vielleicht meinst auch du, daß es, um glücklich zu leben, unbedingt einer in sich geschlossenen, kompakten, konsequenten Perönlichkeit bedarf: Einer Persönlichkeit, in deren Geist keine Zusammenstöße, keine Zweifel und Konflikte entstehen.

Mach' nicht diesen billigen Fehler, laß' dir raten.

Um glücklich zu leben, brauchst du keine harmonische Persönlichkeit, sondern einen flexiblen Geist, der deine nicht recht harmonische Persönlichkeit akzeptiert.

Wann immer du einen inneren Konflikt hast, laß' dich nicht besiegen von der Notwendigkeit, ihn so schnell wie möglich zu lösen, um aus der psychischen Unbehaglichkeit herauszukommen, in der du dich befindest.
Lerne, mit einem Konflikt in deinem Geist zu leben. Lerne, gut zu leben auch in Situationen, in denen du wie auf glühenden Kohlen sitzt.

Wenn du dich in einem Konflikt befindest, denk' ganz schnell:

— Habe ich einen inneren Konflikt?
— In Ordnung, ich nehme ihn an.
Und ich akzeptiere auch die nervösen Zustände, die er mir verursacht. —

Laß'dir einen Rat geben:
Akzeptiere deine Konflikte.
Akzeptiere all deine 'Ichs', die ganz verschiedene Ansichten haben.

AKZEPTIERE DICH SELBST!

Und es wird dir gelingen, auch die folgenden Dinge zu akzeptieren:
... all die Dinge, die anders sind als sie (deiner Meinung nach) sein sollten
... all die Leute, die anders denken als du
... und die Welt, die gründlich anders aussieht, als du sie dir vorgestellt hattest.

 # Den Konflikt zwischen dem Guten und dem Schlechten akzeptieren

Wir Menschen wissen im tiefsten Herzen sehr genau, was Gut und Böse ist. Und wir würden gerne stets in positiver Weise handeln.
Leider bringen uns unsere Ängste und unser Egoismus häufig dazu, uns in entgegengesetzter Weise zu verhalten.
Und so entsteht in unserem Geist eine andauernde Auseinandersetzung zwischen Gut und Böse.

Das ist ein natürlicher, ein völlig natürlicher Vorgang. Wehe, wenn er nicht stattfinden würde. Es würde einen sehr gravierenden Schaden für unser seelisches Leben bedeuten.

Niemand kann etwas Gutes tun, ohne daß ihm sein Egoismus nahelegt, daß er etwas vom Seinen hergibt.
Niemand kann etwas Schlechtes tun, ohne daß ihm sein guter kleiner Geist empfiehlt, es nicht zu tun.
Der Sinn für das Gute wie für das Böse, Mut und Angst, Liebe und Haß (und viele andere menschliche Empfindungen) ergänzen sich wechselweise. Eine kann nicht existieren, ohne daß es auch ihr Gegenteil gibt.
Wenn in unserem Geist eines der Gegenstücke fehlt, so heißt das, daß bei uns etwas nicht stimmt.
Akzeptiere also den Konflikt zwischen Gut und Böse!

Akzeptiere den guten Menschen, der in dir steckt, aber auch den schlechten!

Wenn sie im Streit liegen, versuch', den guten siegen zu lassen, wenn es dir aber nicht gelingt, mach dir kein Problem damit, nimm's nicht tragisch, akzeptiere die Niederlage.
Und du wirst mehr Kraft gewinnen.
Und du wirst mehr Güte entwickeln.

Und am Himmel deines Lebens wird viel Azurblau erscheinen.

Je mehr man sich über die eigene Bosheit klar wird, desto mehr wächst die eigene Güte.

Die eigenen negativen Gedanken akzeptieren

Die vorige Seite stand auf dem Kopf, nicht?
Hat es dich sehr gestört?
Ich hoffe nein.
Ich hoffe, daß sich dein Geist nunmehr daran gewöhnt hat, die unvorhersehbaren und unangenehmen Besonderheiten dieses Buches zu akzeptieren.

Ich möchte dir raten, dich im Leben ebenso zu verhalten.
Jedesmal, wenn du in eine unerwartete Situation gerätst, solltest du dich nicht über Gebühr aufregen ... akzeptier' sie einfach.
Jedesmal, wenn du etwas bemerkst, was nicht in Ordnung ist, nimm es nicht zu ernst - nimm es, wie es ist.
Du wirst deine geistige Flexibilität vergrößern.
Und du wirst so das Azurblau am Himmel deines Lebens vermehren.

Einen Augenblick!

Weißt du, was ich gerade tue?
Ich lache!

Und weißt du, warum?
Weil ich mir vorstelle, daß jemand, der beobachtet hat, daß du das Buch verkehrt herum gelesen hast, sicherlich gedacht hat, du seist verrückt geworden.

Mußt du nicht auch lachen?
Gut! Sehr gut!
Du bist dabei, die Kunst des glücklichen Lebens zu lernen.

Aber jetzt wollen wir weitermachen.

Wir alle kennen die Zeiten, wo in unserem Geist häßliche Gedanken auftauchen.
Menschen, die eine gewisse Gelassenheit besitzen, nehmen sie in aller Ruhe zur Kenntnis ... und sie verschwinden ganz rasch.
Was fangen aber Leute an, die ihrer selbst nicht sicher sind?
Sie halten sich bei ihren schlechten Gedanken mehr auf als nötig und denken etwa folgendes:
"Aber warum kommen mir diese schlimmen Gedanken!?"
"Wieso denke ich eigentlich oft so schreckliche Sachen!?"
"Wird das, was ich da Schreckliches denke, vielleicht Wirklichkeit?
"Werde ich womöglich wirklich so unmoralisch handeln, wie es mir da in den Sinn kommt?"

So entsteht in ihnen der intensive Wunsch, derartige immer wiederkehrende Gedanken loszuwerden.
Falscher könnte man sich nicht verhalten.

Indem man sich fortwährend bemüht, die unschönen Gedanken aus seinem Kopf zu verscheuchen, fixiert man sie nur noch mehr - weil man eben länger an sie gedacht hat.
Wenn man sich dann ärgert, weil sie nicht verschwinden, umso schlimmer. Weil diese Gedanken so noch mehr emotionales Gewicht bekommen. Das wiederum führt dazu, daß man sich noch mehr an sie erinnert ... und daß sie einem noch öfter zu Bewußtsein kommen.

Vielleicht schwirren auch dir manchmal häßliche und immer wiederkehrende Gedanken durch den Kopf ... und du regst dich auf,

und du machst dir Sorgen,
und du versuchst, sie auf tausend Arten und Weisen loszuwerden.

Tu' das ja nicht!!!
Nimm's zur Kenntnis, daß du sie hast ...
und leb' dein Leben weiter, auch wenn sich dir diese Gedanken immer mal wieder drohend aufdrängen.

Mach' dir klar, daß es absolut nichts Schlimmes ist, dauernd Schuldgefühle zu haben, regelmäßig an den Tod zu denken, fortwährend zu fürchten, daß einem Übles widerfahren, oder daß man selbst solches tun könnte: Jemand anderem oder sich selbst. Es sind doch nur Gedanken: Höchst simple elektrische Entladungen, die dein Gehirn durchlaufen. Sie haben keinerlei Bedeutung, solange du ihnen keine beimißt.

Wenn dir immer wieder häßliche Gedanken durch den Kopf gehen, dann denk' sofort folgendes:

> — *Ich muß die Existenz meiner häßlichen Gedanken akzeptieren. Ich darf nicht versuchen, sie zu verjagen.*
> — *Ich muß ihnen erlauben, in meinem Kopf vorhanden zu sein, ohne mich darüber aufzuregen.*
> — *Ich darf mich nicht von der Angst überwältigen lassen, daß meine bösen Gedanken Wirklichkeit werden könnten.*

Laß' doch deine bösen Gedanken böse Gedanken sein!
Seit die Welt steht, hat noch nie ein Gedanke jemandem Schaden zugefügt.

Seit die Welt steht, hat ein bloßer Gedanke keinerlei Bedeutung - solange er nicht von der Absicht begleitet wird, ihn in die Tat umzusetzen.
Keinerlei Gedanken, nicht einmal die allerstärksten, die intensivsten und die, welche dich immer wieder heimsuchen, können dich jemals von sich aus dazu zwingen, entsprechend zu handeln - wenn du es nicht willst!

Nimm' deine schlechten Gedanken ruhig in Kauf!

Im Leben, in der Gesellschaft, in der Welt gibt es viele schöne, aber auch viele häßliche Dinge. Über die schönen Dinge sollte man sich freuen, die schlechten muß man nehmen, wie sie sind.

Und ebenso verhält es sich mit deinem Geist: Da gibt es schöne und häßliche Gedanken.

Was willst du nun?

Die schönen haben und die häßlichen nicht?

Geht nicht!!!

Das Schöne gibt es, weil auch das Böse existiert.
Wenn das Böse nicht wäre, gäbe es auch das Gute nicht.
Denn das Böse ist der Gegensatz zum Guten.
Wenn man das Böse beseitigen würde, würde damit auch das Gute gegenstandslos.
Und das Leben wäre nicht mehr schön.

Ein paar Wolken am Himmel machen sein Blau strahlender.

Die eigene Unsicherheit akzeptieren

Auf den Straßen dieser Welt laufen Millionen von unsicheren und ängstlichen Menschen herum, die es nicht fertigbringen, sich zwischen den übrigen durchzuwinden...

... und Angst davor haben, vor der Öffentlichkeit zu sprechen,

... und die nervös werden, wenn sich die Aufmerksamkeit der Gruppe auf sie richtet,

... und über denen die Ängstlichkeit zusammenschlägt, wenn ihnen irgendetwas nicht gut gelingt, während andere sie beobachten,

... und die oft meinen, daß andere schlecht von ihnen denken

... und die oft glauben, die anderen würden sie anschauen, weil sie dumm wären,

... und sie meinen ... und sie glauben ... und sie ....

Bist auch du einer von ihnen?

Mach' dir keine Sorgen. Das ist nicht weiter schlimm.

Dies Problem wirst du leicht lösen, indem du oft folgende psychologische Technik anwendest: *"Die eigene Unsicherheit akzeptieren."*

Von heute an denke sofort folgendes, wenn du dich in der Öffentlichkeit befindest und deine Unsicherheit blockiert dich:

– Fühle ich mich jetzt im Moment unbehaglich?

– Na und?

***Daß ich mich auf Grund meiner Unsicherheit unbehaglich fühle, bedeutet nichts, als daß ich mich unbehaglich fühle. Es bedeutet nicht,* daß ich nichts tauge.**

– Werden die anderen meine Unsicherheit bemerken?
– Na und?
Sie werden denken, daß ich unsicher, nicht aber, daß ich dumm, böse oder unanständig sei. Ich bin es, der glaubt, sie denken schlecht von mir.
Ich werde also ganz ruhig akzeptieren, daß ich unsicher bin, *und werde weiterhin mit ihnen zusammensein und mit ihnen sprechen, auch wenn ich mich ungemütlich fühle.*

Akzeptiere deine Unsicherheit!

Verwechsle nicht deine Unsicherheit mit deinem Selbstwertgefühl. Du kannst sehr wohl unsicher und gleichwohl hochintelligent sein. Du kannst sehr wohl ängstlich, ungeschickt, ein Tolpatsch, und trotzdem im Grunde genommen tüchtig, sympathisch und bei allen beliebt sein.

Akzeptiere deine Unsicherheit!

Sobald du sie hochkommen fühlst, versuch' nicht, sie zu verbergen! Bemüh' dich nicht, so zu tun, als ob du selbstsicher wärst, während du innerlich voll Aufregung bist.
Diese Art von Anstrengung schadet dir mehr, als wenn du vielleicht keinen sehr guten Eindruck machst, indem du Unsicherheit zeigst. Was im Leben zählt, ist glücklich zu leben. Und man kann in aller Ruhe gkücklich leben, auch wenn man unsicher, ja sogar sehr unsicher ist.

Was im Leben zählt, ist, daß man sich freuen kann, daß man lieben kann, daß man zu 'fliegen' versteht.

Was im Leben zählt ist ..... zu leben.

Je mehr man die eigene Unsicherheit akzeptiert, desto selbstsicherer wird man.

Die eigene Ängstlichkeit akzeptieren

Vielleicht bist auch du einer von jenen zu gefühlsbetonten, zu besorgten, zu unruhigen Menschen ...
und fährst wegen jeder Kleinigkeit hoch,
und reagierst auf jede kleine Spitze,
und bekommst häufig wildes Herzklopfen.
Das bedeutet, daß du eine ängstliche Natur bist.

Nichts Gravierendes.
Nichts, worüber man sich aufregen müßte.

Ein bißchen Bangigkeit zu fühlen ist für jemanden wie dich, der in dieser verrückten, närrischen, übergeschnappten heutigen Gesellschaft lebt, normal, völlig normal.

Problematisch beginnt es zu werden, wenn zur Ängstlichkeit noch hinzukommt, daß man sich Sorgen macht: *"Was passiert mir da?"*
Wenn sich dann die Angstkrisen öfter wiederholen, dann ade, ausgeglichene Ruhe!

Warum?
Weil so in dir eine weitere fortwährende Sorge entsteht: Dir ist bewußt geworden, daß du eine ängstliche Natur bist.

Warum stört es dich so sehr, zu wissen, daß du ängstlich bist?
Weil sich in deinem Sinn die (absolut verkehrte) Idee festgesetzt hat, ein ängstlicher Mensch sei anders, unnormal, womöglich geistig nicht ganz richtig.
Warum stört es dich so sehr, zu wissen, daß du ängstlich bist?

Weil du fürchtest, zur Zielscheibe des Spottes, zum Gegenstand von Mitleid, Diskriminierung, Ausgrenzung zu werden.

Warum stört es dich so sehr, zu wissen, daß du ängstlich bist?
Weil du nicht bist, wie es deine Idealvorstellung verlangt: Ausgeglichen, ruhig, selbstsicher.

Und so versuchst du, deine Ängstlichkeit zu verbergen: Vor den anderen, aber vor allem vor dir selbst.

Hüte dich, diesen gewaltigen Fehler zu begehen, ich beschwöre dich!

Versuch' dir mit aller Kraft klarzumachen, daß es absolut nichts Schlimmes ist, ein ängstlicher Mensch zu sein.

Heutzutage ängstlich zu sein, ab und zu von Panik ergriffen zu werden, bedeutet nicht, unnormal, anders, verrückt zu sein, sondern nur eben ängstlich.
Heutzutage ängstlich zu sein, gestreßt, übererregbar zu sein, ist normal, völlig normal. Es nicht zu sein, wäre unnormal.

Wenn du von heute an in der Öffentlichkeit bist und deine 'Freundin' Ängstlichkeit zeigt sich, dann versuch' nicht, sie zu verbergen.
Wenn du dich den anderen so zeigst, wie du wirklich bist, bist du immer liebenswert, auch mitsamt deiner Ängstlichkeit.
Wenn du dich hingegen falsch darstellst, sendest du (ohne es zu merken) nebenbei Signale aus, die dich anderen unsympathisch machen, auch wenn du dir selbst und den anderen als die ruhigste und selbstsicherste Person der Welt erscheinst.

Verbirg' deine Ängstlichkeit nicht!

Es ist absolut nichts Schlimmes, denen, die in deiner Nähe sind, zu sagen: *"Ihr müßt entschuldigen, wenn ihr an mir eine große Spannung spürt. Es ist nur mal wieder einer meiner Anfälle von Nervosität."*

Akzeptiere deine Ängstlichkeit!

Wenn du sie bemerkst, vergrößere sie nicht noch, indem du einen Schrecken bekommst.

An Ängstlichkeit ist noch nie jemand gestorben. Es ist noch kein einziger Todesfall infolge eines Anfalls von Ängstlichkeit bekanntgeworden.

Ängstlich, aufgeregt und unruhig zu sein ist ein psychosomatischer Zustand, der zwar lästig ist, aber nicht Dramatisches bedeutet.

Akzeptiere also deine Ängstlichkeit.

Nur so wirst du sie verringern können.

Nur so wirst du dein Maß an Glück vergrößern können.

Nur so wirst du oft an deinem Leben Spaß haben wie ein Kind an seinem Drachen.

Und es wird schön sein, zu leben.

Je mehr man die eigene Ängstlichkeit akzeptiert,
desto kleiner wird sie.

Den eigenen Tod akzeptieren.

Wir fürchten den Tod.

Das ist ganz natürlich.

Alles in uns versucht, sich gegen den Tod zu wehren: Instinkte, Gefühle, Empfindungen, Ängste.

Man kann behaupten, wir seien eine Anti - Todesmaschine, ein organisches System, das fortwährend gegen den Tod kämpft: Jeden Tag, jede Stunde, jeden Augenblick.

Wir fürchten uns vor unserem Tod.
Aber mehr als den körperlichen Tod fürchten wir den unseres Geistes ... den Tod der psychischen Einheit, die sich unser Ich nennt: Unseren Tod.

Wir fürchten den Tod.
Nur mit Schwierigkeiten akzeptieren wir den Gedanken, sterben zu müssen, auf dem Totenbett zu enden, im Dunklen, unter der Erde: Ohne mehr das Licht der Sonne zu erblicken, unsere Lieben, die Dinge, die uns ans Herz gewachsen sind.
Aber besonders schwer fällt es uns, die Tatsache zu akzeptieren, daß wir uns auflösen werden, daß wir ins absolute Nichts gleiten werden, ins Nichts der Ewigkeit.
Und so erfinden wir alles nur mögliche, um das feine, aber schreckliche Gefühl der Angst zu verkleinern, das der Gedanke an den Tod in uns auslöst.

Einen größeren Fehler könnten wir gar nicht machen.
Wir brauchen den Tod nicht mehr zu fürchten, als natürlich und normal ist.
Der Tod nämlich ist es, der dem Leben den Sinn gibt.

Wenn es den Tod nicht gäbe, wären in uns nicht all jene natürlichen Bestrebungen, geeignet dazu, ihn zu bekämpfen: Instinkte, Gefühle, Empfindungen, Ängste. Folglich hätten wir auch keinerlei Wahrnehmungen: Weder Mißfallen noch Vergnügen, weder Schmerz noch Freude, weder Wut noch das Gefühl der Zufriedenheit ...Und wir hätten auch keinerlei Empfindungen: Weder Haß noch Liebe, weder Traurigkeit noch Glück.

Wenn der Tod nicht wäre, fielen wir in die Untätigkeit, in die Apathie, in die finstersten Depressionen. Nichts hätte einen Wert. Nichts würde zu nichts führen. Wir hätten keinen Lebenszweck mehr. Wir wären am Leben, aber 'tot'.

Vielleicht wirst auch du ab und zu von der Existenzangst gepackt, die von dem Gedanken an den Tod herrührt ....
und du läßt dich von einem Gefühl der Traurigkeit überwältigen, und versuchst auf tausend Weisen, ihr zu entfliehen.

Stattdessen akzeptier' doch die Existenz des Todes!
Wenn du ihm begegnest (angesichts einer Todesanzeige, einer Person, die unheilbar krank ist, einer Leiche), schau ihm ins Gesicht, ohne dich allzusehr beeindrucken zu lassen.

Akzeptiere den Tod!
Vermeide es nicht, seinen Namen auszusprechen, wenn du mit anderen zusammen bist.
Sorge dafür, daß das Wort 'Tod' für dich keine unangenehme Bedeutung hat, keinen negativen Wert darstellt.

Stell' die Lage auf den Kopf!
Laß' den Begriff des Todes in dir Zufriedenheit, Freude und sogar Fröhlichkeit auslösen.

Willst du etwas tun, was ich häufig tue, auch wenn sie mich für verrückt halten?
Feiere den Tod. Singe ihm Lobeshymnen.
Fang' an zu tanzen, wenn du an ihn denkst.
Danke ihm jeden Tag, daß du auf der Welt bist.
Denn er ist der Hintergrund deines Lebens, der dir erlaubt, zu leben.

Der heilige Franziskus hatte dies perfekt erfaßt, und deshalb nannte er ihn Bruder.

Derjenige, der uns erschaffen hat, hat uns einen großen Gefallen erwiesen, indem er zusammen mit den schönen Dingen des Universums auch den Tod geschaffen hat.

Je mehr man den Tod fürchtet,
desto weniger lebt man.

Denk' daran:

UM GLÜCKLICH ZU LEBEN
MUSS ICH MICH SELBST ANNEHMEN

Halt!
Geh' nicht sofort weiter zum nächsten Kapitel!
Geh' zurück!
Und lies noch einige Male das vorhergehende Kapitel: Es ist unter den wichtigsten im ganzen Buch.
Alle seelischen Probleme aller Menschen entstehen, weil sie sich selbst nicht genug annehmen.

Halt!
Fahr' nicht fort in der Lektüre!
Geh' zurück!
Und lies ununterbrochen das vorige Kapitel, bis du es fertigbringst, dich anzunehmen.
Die uneingeschränkte Annahme deiner selbst ... wird dir die Tore des Glücks weit öffnen.

DIREKT LERNEN

In einem der vorhergehenden Kapitel habe ich dir vorgeschlagen, dich oft mit dem Geist in der Gegenwart zu bewegen, weißt du noch?
Ich habe dir gesagt, daß du, um glücklich zu leben, es fertigbringen mußt, dich auf den Augenblick zu konzentrieren, den du gerade lebst, um ihn ganz auskosten zu können, erinnerst du dich?

Heute, nach einigen Monaten, ist mir folgender Zweifel gekommen:
"Für die Leute, die mich lesen, wird es nicht leicht sein, sich daran zu gewöhnen, 'oft mit dem Geist in der Gegenwart zu weilen.'
Wie kann ich ihnen helfen!? Wie mach' ich das?
Ich hab's.
Ich werde sie anleiten, es mit Hilfe dieses Buches zu üben."

Und so habe ich diesen Abschnitt eingefügt.

Möchtest du deinen Geist daran gewöhnen, öfter in der Gegenwart zu sein?
Ja!?
Nun, so trainier' es, indem du dich auf das konzentrierst, was du gerade liest.

Wenn du lernst, geistig anwesend zu sein, wenn du ein Buch liest, so wird dir das auch oft während deines Tageslaufs gelingen.

Und du wirst besser leben.
Und du wirst länger leben.

Jetzt konzentriere dich auf den Augenblick, den du gerade verlebst.
Ja, ja, diesen, genau diesen!

Denk' mal gründlich nach, was die obigen Sätze aussagen wollen. Denk' nach, was ich dir sagen will. Versuch', meine augenblickliche geistige Verfassung zu erkennen.

Denk' an dich, der du gerade diese Buch liest ...
an die Stellung deines Körpers,
an deinen Geisteszustand,
an all' das, was um dich herum ist (die Geräusche, die du hörst, die Dinge, die du siehst, die Gerüche, die du riechst).

Möchtest du dich noch mehr darin üben, dich auf die Gegenwart zu konzentrieren?
Ja!?
Also machen wir folgendes Spiel.

Hier anschließend schreibe ich fünf von meinen Aphorismen, aber lies sie nicht schnell durch, sondern konzentrier' dich darauf.

1° 'Zuweilen ist es sehr klug, nicht zu ernst zu sein.'
2° 'Solange man lebt, darf man hoffen; aber wenn man immer hofft, ohne zu handeln, lebt man nicht.'
3° 'Die Wolken aller Himmel verziehen sich vor dem, der es fertigbringt, nachdem er vorher all seine Tage mit fahlen Farben beschmiert hatte, sein Leben in strahlend azurblaues Glück zu hüllen.'
4° 'Wer weise ist, hat es nicht nötig, es zu zeigen.'
5° 'Ein Tag als Löwe, oder hundert als Schaf leben? Fünfzig als Fuchs'.

Gut ... jetzt konzentrier' dich nur auf den dritten Spruch, nur auf den dritten.

Versuche, den Sinn jeder Bemerkung möglichst vollständig zu erfassen.
Versuche, all ihre Nuancen zu beachten.
Versuche, ihre dynamische Komposition zu erfühlen, ihre bildlichen Ausdrücke, ihre Form, ihren Schluß.

Von nun an konzentriere dich mehr auf das, was du liest und auf den Augenblick, den du gerade verlebst.
Du wirst das Buch besser "leben".
Du wirst das Buch mehr "leben".

Von jetzt an konzentriere dich während deines Tages, sooft du kannst, auf den Augenblick, den du gerade verlebst.
Du wirst deinen Tag besser "leben".
Du wirst deinen Tag mehr "leben".

Und du wirst dein Leben besser und mehr leben.

Das folgende Kapitel ist eines der wichtigsten des Buches.
Lies es langsam.
Lies es oft.

Lies es mehrmals hintereinander.

DIE ANGST VOR DEM URTEIL DER ANDEREN VERRINGERN

Die Kraft des Geistes

Du bist stark:
stärker als du glaubst,
stärker als all deine Ängste und Unsicherheiten;
weil dir, auch wenn dein Leben voll von Hindernissen sein mag, von Fehlern übersät, erfüllt von Dingen, die dir mißfallen, die Lust zum Kämpfen noch nicht vergangen ist.

Du bist mächtig, enorm mächtig, weil du in deinem Geist 'Goldadern' von Leistungsfähigkeit besitzt, die dich die höchsten Gipfel erreichen lassen können. Du mußt sie nur finden und entwickeln.

Also los, beweg' dich!

Entdecke dein wahres Ich: Jenes starke, mächtige.

Du wirst sehen, es ist nicht schwierig.

Du mußt lediglich dein jetziges Ich von der gefährlichsten Angst befreien, die es gibt: Die Furcht vor dem Urteil der anderen.

Danach wird die Straße deines Glücks stets den Berg hinunter führen.

Und es wird schön sein, zu leben.

Einen Schatz findet, wer zu sich selbst findet.

Seine Selbstachtung vergrößern

Eigentlich habe ich schon mit dir über die Selbstachtung gesprochen. In dem Kapitel, das sich mit der Angst, Fehler zu machen, befaßt hat, habe ich dir gesagt, daß ohne sie dein Leben schwierig werden würde, erinnerst du dich?

In diesem Kapitel werde ich ausführlicher mit dir darüber sprechen; denn eine zu geringe Selbstachtung ist die Hauptursache für die Angst vor dem Urteil der anderen.

 # Der Begriff der Selbstachtung.

Wir sind Tiere:
Denkende Tiere, aber Tiere,
anspruchsvolle Tiere, aber Tiere.

Wir - wie alle Tiere dieser Erde - leben in der Gruppe oder - sozusagen - in einer Gesellschaft.

Das Leben in der Gesellschaft ist nicht einfach. Es entstehen oft Schwierigkeiten, mit denen man sich auseinandersetzen muß, Probleme, die zu lösen, Gegensätze, die zu überwinden sind, Unannehmlichkeiten, Unvorhersehbares, Fehlleistungen, Mißverständnisse.
Um all diese Hindernisse zu überwinden, ist es unentbehrlich, über viel innere Kraft zu verfügen. Diese Kraft beziehen wir aus unserer Selbstachtung.

Die Selbstachtung ist ein Gedanke, der in unserem Geist kreist, wie das Blut in unserem Körper.

Das Blut bringt die Nährstoffe zu den Körperzellen. Die Selbstachtung tut dasselbe, sie ist die Nahrung für unsere moralische Kraft: Sie ist der Sauerstoff für unseren Mut.

Jeder von uns muß, um sich mit dem wunderbaren (aber manchmal schwierigen) Abenteuer auseinanderzusetzen, das Leben heißt, fühlen, daß er etwas gilt, muß empfinden, daß er fähig ist, zu handeln, er muß fühlen, daß er Erfolg haben kann in dem, was er tut, kurz, er muß sich selbst schätzen.

Die Selbstachtung ist wie die Kraft in den Beinen, die wir brauchen, um gehen zu können, die Kraft in den Händen, um fassen, heben, werfen zu können.

Sie ist das Gefühl einer geistigen Kraft, die man unbedingt besitzen muß, um zu beliebigen Handlungen imstande zu sein. Ohne diese Kraft wären die Schwierigkeiten des Lebens unüberwindlich: Ein kleiner Hügel würde zu einem Berg werden.

Es ist also unverzichtbar, eine hübsche Menge davon zu besitzen.

Der Baum der Selbstachtung hat vier Äste:

- Die Selbstachtung aus daseinsmäßigen Gründen
- die Selbstachtung aus psychologischen Gründen
- die Selbstachtung aus materiellen Gründen
- die Selbstachtung aus gesellschaftlichen Gründen.

Wir wollen mal sehen.

Die daseinsmäßig bedingte Selbstachtung, oder: Ich existiere, also bin ich etwas wert.

Jeder von uns wird geboren mit einem innerlichen Wert: Dem Leben. Und niemand kann ihn uns nehmen: Weder Mißerfolge, noch die Kritik der anderen, noch unsere Selbstkritik, keiner außer dem Tod.

Wer sich selbst aus daseinsmäßigen Gründen schätzt, denkt so:

— Ich bin wertvoll: Weil ich existiere, weil ich lebe, weil ich atme, weil ich denke.
Wenn ich nicht leben würde, hätte ich keinen Wert.
Wäre ich nie geboren worden, oder gestorben, hätte ich keinen Wert.
Aber ich lebe. Und deshalb habe ich einen Wert.

Erinnere dich stets: DU BIST WERTVOLL ...
auch wenn du nichts Bedeutendes zustande gebracht hast,
auch wenn du ein Versager bist,
auch wenn du der letzte Mensch auf Erden bist.
Und schick' deinen mißgünstigen kleinen Geist, der dir

das Gegenteil einreden will, ins Reich der grauen Schatten.

Und weil du schon mal dabei bist, schick' auch die hin, die dich nicht zu schätzen wissen.

 # Die psychologisch bedingte Selbstachtung, oder: Ich bin, also bin ich wertvoll.

Die psychologisch bedingte Selbstachtung ist ein Gefühl, das aus unserem wertvollen Handeln entsteht. Es ist nicht wichtig, ob das, was wir erreichen, wenig oder von geringer Bedeutung ist, wenn wir es nur durch den Einsatz unserer besten psychischen Fähigkeiten erreicht haben: Eifer, Beharrlichkeit, Freude, Liebe, Rechtschaffenheit und ein klein wenig Kreativität.

Wer sich selbst aus psychologischen Gründen schätzt, denkt so:

— Ich bin wertvoll: Denn in allem, was ich tue, setze ich meine besten Eigenschaften ein.

— Ich bin wertvoll: Denn ich weiß meinen intellektuell - kreativen Geist geschickt einzusetzen.

— Ich bin wertvoll: Denn ich verfüge über moralische

äußerer. Sie hängt nicht davon ab, was man hat, sondern was man ist.

Die Welt der Selbstachtung ist die Welt des 'Seins', nicht die des 'Habens', und ...

... **um glücklich zu leben, muß man darauf achten, daß sein Geist öfter in der Welt des 'Seins' verweilt, und weniger häufig in der des 'Habens'.**

Nur so kann man ein enger Freund des Glücks werden. Nur so werden unserem Leben Flügel wachsen.

Und es wird schön sein, zu leben.

 # Die gesellschaftlich bedingte Selbstachtung, oder: Ich bin wertvoll, weil es die anderen sagen.

Die gesellschaftlich bedingte Selbstachtung basiert nicht auf dem wirklichen Wert einer Person, sondern auf ihrem scheinbaren Wert.

Für einen Menschen, der an diese Art von Selbstachtung glaubt, spielt es wenig Rolle, ob er wirklich wertvoll ist, solange es nur die anderen glauben ... und solange er auf diese Weise Zustimmung erhalten und Kritik vermeiden kann,

... und er ist so, wie die anderen wünschen, daß er ist ...

... und er handelt so, wie die anderen es sich erwarten ...
... und er bemüht sich, keinen Anlaß zum Tadel zu geben (bezüglich Kleidung, seiner eigenen □ Person und seines Verhaltens).
Kurz gesagt, er verkauft seine Seele.

Eine Selbstachtung dieser Art hat wenig Gehalt, gibt wenig innere Kraft, wenig psycho-logische Wärme. Sie ist wie das Benzin auf dem Feuer: Kaum schüttet man es darauf, gibt es eine Stichflamme, bald darauf aber erlischt das Feuer.
Ein Zeichen der Anerkennung oder ein Kompliment lassen ganz schnell einen schönen Eindruck von Wert entstehen, aber er dauert nur kurz. Kaum ist man aber wieder allein mit sich, kommt wieder die gewohnte dürftige Selbsteinschätzung des Alltags hervor.
Und man fühlt sich wieder unglücklich.

Wer sich selbst aus gesellschaftlichen Gründen schätzt, denkt so:

> *– Die anderen sagen mir oder machen mir klar, daß ich wertvoll bin - also bin ich's.*
> *Ich bin ein patenter Kerl, denn die anderen sagen, daß ich es bin. –*

Darf ich dir einen prima Rat geben?
Laß' dich nicht verführen von der Selbstanerkennung auf Grund von Aussagen anderer. Geh' nicht in ihre süße Falle. Fall' nicht in ihre langen Arme.

Und dein Herz wird öfter lächeln.

... Er sucht sich mit wichtigen Leuten zusammen sehen zu lassen, damit die anderen denken: *"Hast du gesehen, mit wem X da beisammen war? Wenn er mit solchen Leuten zusammenkommt, ist er doch jemand, der etwas gilt."*

Vielleicht meinst auch du, ganz tief unten in deiner Seele, wenig wert zu sein, oder nicht tüchtig zu sein, oder den anderen unterlegen zu sein.
Und versuchst, Anerkennung zu finden und Kritik abzuwenden ... um mehr geschätzt zu werden.
Und suchst mehr Dinge zu haben ... um mehr zu gelten,
mehr Erfolg zu haben .... um mehr zu gelten,
mehr Einfluß zu haben ...um mehr zu gelten,
ein schön eingerichtetes Haus zu haben ... um mehr zu gelten,
dich nach der Mode zu kleiden ... um mehr zu gelten.

Ich beschwöre dich, mach' nicht diesen Riesenfehler!

Um mehr zu gelten, mußt du versuchen, deine psychologische und deine daseinsmäßige Selbstachtung zu vergrößern, und nicht die Wertschätzung der anderen suchen.

Nun wirst du mich fragen: *"Aber wie soll ich das machen, Omar?"*
Ich will dir antworten.
Es ist nicht schwierig.

Als allererstes mußt du deine mangelnde Selbsteinschätzung akzeptieren, indem du oft so denkst:

— Meine ich, daß ich wenig wert bin? Daß ich nicht tüchtig bin?
— Interessiert mich nicht.
— Glaube ich, wenig wert zu sein?
— In Ordnung, ich akzeptiere es, daß ich mich wenig schätze.
— Es ist absolut nichts dabei, im Kopf die Idee zu haben, daß man nicht tüchtig ist. Von heute an lasse ich mich von diesem dummen Gedanken nicht mehr stören. Ich nehme ihn mit Gelassenheit.—

Ich rate dir.... Befreunde dich mit den Gedanken da oben. Vergegenwärtige sie dir

Einen größeren Irrtum könnten wir nicht begehen. Wir sollten keine Energie verschwenden, indem wir fortwährend unsere schwankende Selbstachtung zu stützen versuchen. Es wäre besser, uns eine starke, schöne und stabile Einschätzung unser selbst zu schaffen.

Auf welche Weise?

Indem wir an zwei Fronten kämpfen.

— 1° Indem wir die negativen Gedanken der Mißachtung unserer eigenen Person vermindern: *"Ich bin wenig wert. Ich tauge weniger als die anderen. Ich muß zeigen, was ich wert bin."*

Auf diese Weise verringern wir auch unser Bedürfnis nach Komplimenten und unsere Angst vor Kritik.

— 2 ° Indem wir die falschen Verhaltensweisen, die uns von unserer Selbst - Mißachtung nahegelegt werden, verringern, oder auch, indem wir spontan handeln, anstatt uns falsch darzustellen. Auf diese Weise werden wir die negativen Gedanken zurückdrängen, die unserem falschen Verhalten zugrundeliegen.

Wenden wir die erste Theorie an, werden wir häufig denken wie folgt:

– Halt! Einen Augenblick! Ich bin dabei, mich falsch darzustellen.

– Warum?

– Ah, ich hab's schon verstanden. Ich war gerade daran,
den anderen meinen Wert zu beweisen.
Aber ich brauche das gar nicht zu tun.
Weil ich etwas wert bin, es glaube und es fühle,´

Ich werde mich so verhalten, wie ich wirklich bin.
Die anderen sollen denken, was sie wollen.

Wenn wir die zweite Theorie anwenden, (uns also dazu zwingen, uns so zu verhalten, wie es unserem echten Wesen entspricht), werden wir oft in folgender Weise denken:

> *– Ich habe festgestellt, daß mich die anderen ebenso schätzen, wenn ich ich selbst bin.*
> ***Ich habe also keine Ursache, ihnen zu beweisen, daß ich etwas tauge. Ich brauche mich nicht falsch darzustellen. –***

Fang' an, wo du willst.
Vermindere erst deine negativen Gedanken.
Verringere erst deine falschen Verhaltensweisen.
Vermindere sie gleichzeitig.
Mach', was du willst.
Aber tu' es gleich.
Das echte Leben erwartet dich.
Das Leben wartet nicht.

Denk' daran: *DER BESTE KUNSTGRIFF, UM GLÜCKLICH ZU SEIN, IST ES, MAN SELBST ZU SEIN.*

Wenn du mit anderen zusammen bist und merkst, daß du dich nicht verhältst, wie es deinem Ich entsprechen würde, denk' folgendes:

— Warum will ich sein, was ich nicht wirklich bin?
Was will ich damit beweisen, daß ich mich so verhalte?
— Ah, ich hab's. Ich bin auf der Jagd nach Komplimenten und möchte Kritik entgehen.
— Ich werde aber nicht so weitermachen.
Ich werde Ich sein und mich entsprechend verhalten.
— Was kann mir schon Schlimmes passieren?
— Werde ich Mißbilligung erfahren? Werde ich ein paar böse Blicke abbekommen?
Na und wenn schon.
Besser, ein wenig Unannehmlichkeiten zu haben wegen meines konsequenten Verhaltens, als meine Persönlichkeit zu ruinieren, indem ich mich verfälsche. —

Du selbst sein zu dürfen ist etwas Wunderbares.
Es erspart dir die Mühe, schauspielern zu müssen.
Du brauchst keine Lügen zu erfinden - und nachher zu ihnen zu stehen.
Du kannst deine ganze Menschlichkeit zeigen.

Wenn du Lust dazu verspürst, kannst du auf der Straße pfeifen, strahlende Blicke nach rechts und links verteilen, Leute umarmen, die du gerade erst kennengelernt hast.

Du selbst sein zu dürfen ist etwas Herrliches.
Es läßt dich immer in Bestform sein.
Es erlaubt dir, dich jung, prickelnd, glücklich zu fühlen.
Es läßt dich fliegen.

Los! An die Arbeit!
Öffne den alten Koffer deines Geistes, hol' dein echtes Ich hervor und hülle dich jeden Tag hinein.
Es wird dich immer gut aussehen lassen.
Aber nicht für die anderen, vielmehr für die wichtigste Person der Welt: Dich.

Und dein Herz wird öfter lächeln.

Wenn man vor den anderen oft gut dastehen will,
steht man vor sich selbst immer schlecht da.

Weniger angepaßt sein

In einem ganz bestimmten Augenblick in der Geschichte des Universums, unter Milliarden und Abermilliarden von möglichen Kombinationen der lebenden Materie, wurde ein einmaliges Wesen geboren: Du.

Du stellst etwas Einzigartiges dar, etwas Exklusives, ein Original.
Ein Wesen wie du hat noch nie vorher existiert, es wird in den folgenden Jahrhunderten nie mehr existieren, ein Wesen wie du, genau wie du, mit dir identisch.

Du besitzt Möglichkeiten der Wahrnehmung, des Fühlens, des Denkens, die nur du hast.
Sie sind deine Daseinsweise.
Und wie sehr sie auch den anderen (und vielleicht auch dir) unvollkommen erscheinen mögen, sie sind die psychologischen Kennzeichen, die aus dir machen, was du bist.
Deshalb mußt du sie respektieren, dich respektieren.

Sicher, du mußt dich ändern. Aber nur die Züge deiner Persönlichkeit, welche dein psycholo-gisches Wohlergehen bedrohen.
Aber grundsätzlich mußt du Du bleiben.

Sicher mußt du dich ändern. Aber nur die schroffsten und aggressivsten Seiten deines Charakters.
Aber grundsätzlich mußt du Du bleiben.

Vielleicht sind deine Daseins- und Verhaltensweise verschieden von denen der anderen.
Vielleicht hast auch du in deinem Geist die Vorstellung, unnormal zu sein, weil du dich anders verhältst.
Dir fällt nicht einmal im Traum ein, daß es die anderen sein könnten, die unnormal sind.

Weißt du, was ein alter Spruch sagt?
"WENN ETWAS VON VIELEN FALSCH GEMACHT WIRD, GILT ES ALS RICHTIG. WENN ETWAS NUR VON WENIGEN RICHTIG GEMACHT WIRD, GILT ES ALS FALSCH."

Sei nicht angepaßt, sei Du selbst!
Orientiere deine Verhaltensweisen nicht an denen der anderen. Mach' dir keine Einstellungen zu eigen, die nicht echt und rein die deinen sind. Du wirst es sonst nie fertigbringen, all deine verborgenen hervorragenden Fähigkeiten zu entwickeln, es wird dir nie gelingen, eine wirklich vortreffliche Person zu werden.

Sei nicht angepaßt, sei Du selbst!
Das Leben verdient den Namen Leben nicht, wenn man es nicht ausprobiert in der Originalität des eigenen Gefühls, in der Freiheit des eigenen Handelns. Dein Leben wird unendlich viel schöner, wenn du deinem Ich erlaubst, es selbst zu sein.

Zahlreich sind die Gründe, die dich dazu treiben können, deine Persönlichkeit zu verkaufen:
das Bedürfnis nach Sicherheiten
das Bedürfnis nach Gesellschaft
die Angst, kritisiert zu werden
die Angst vor gesellschaftlicher Ausgrenzung
der Mangel an Lust, zu kämpfen, um dein Recht auf

Individualität zu bekräftigen.
Aber du darfst nicht noch mehr zurückgehen.
Du mußt stattdessen kämpfen .... mit all deiner Kraft.
Denn nur indem du Du selbst bist, wirklich du, du persönlich, wirst du auf ein besseres Leben hoffen können.

Sei nicht angepaßt, sei Du selbst!

Indem du dich anpaßt, wirst du dich immer mehr von deinem wahren Ich entfernen, und das wird damit enden, daß du die anderen von dir entfernst.
Wenn du dich hingegen den anderen darstellst, wie du bist, so werden sie dich mögen, so ungewohnt ihnen dein Verhalten auch erscheinen mag.
Im Gegenteil, sie werden dich um so mehr schätzen wegen deines Mutes, dich so zu zeigen, wie du wirklich bist.
Und deine Beziehung mit ihnen wird lohnender und konstruktiver werden.

Sei nicht angepaßt, sei Du selbst!

Suche die Tyrannei in dir zu bekämpfen ...
so sein zu müssen wie die anderen,
dasselbe tun zu müssen wie die anderen,
dieselben Dinge haben zu müssen wie die anderen,
so leben zu müssen wie die anderen,
und vielleicht so sterben zu müssen wie die anderen,
und sogar ein Begräbnis haben zu müssen wie die anderen.

Wenn du nicht mit ihnen einig bist, schick' sie

in das Reich der grauen Schatten.
Und handle, wie es dir gefällt.
Und lebe, wie du es für richtig hältst, zu leben.

Und du wirst dich oft zwischen den Wolken finden.

Manchmal geben wir Geld aus, das wir nicht haben,
um Dinge zu kaufen, die uns nicht gefallen,
um gut dazustehen
bei Leuten, die uns nicht interessieren.

Denk' daran:

UM GLÜCKLICH ZU LEBEN,
MUSS ICH MEINE
ANGST VOR DEM URTEIL
DER ANDEREN VERRINGERN

Kennst du den Unterschied zwischen psychologisch begründeter und gesellschaftlich begründeter Selbstachtung?

Nein?

Weißt du, welches die typischen Eigenschaften der psychologisch begründeten Selbstachtung sind?

Nein?

Na, dann geh' zurück zum vorigen Kapitel ... und lies es mindestens noch dreimal.

Glaub' mir ... Es ist von größter Wichtigkeit, daß dein Geist diese zwei grundlegenden Definitionen im Schlaf kennt.

DIREKT KOMMUNIZIEREN

Heute habe ich Lust, direkt mit dir zu kommunizieren.
Kommunizieren ist leicht. Man braucht gar nichts Besonderes zu tun. Es genügt, seinen Geist von Ängsten zu befreien, ihn durch die Seele schweifen und alles übertragen zu lassen, was ihm auf seinem Wege begegnet.

Wie schön es ist, zu kommunizieren!
Wie traurig das Leben für den sein muß, der nicht versteht, zu kommunizieren!

Gut, nun werde ich dir mitteilen, was ich fühle.
Warte einen Augenblick ...
Ich lasse meinem Geist und meinem Herzen freien Lauf. Ich werde von mir aus nichts dazutun. Sie werden alles tun. Sehen wir, was sie zustandebringen. Schauen wir mal, was ich fühle.

Ach ja, da sind wir. Eine intensive Empfindung.
Ich kann sie nicht ganz klar erkennen. Es fällt mir nicht leicht, sie in Worte zu kleiden, aber ich will es versuchen.

Ach, ja, hm. Wut.
Ich fühle in diesem Moment ein Gefühl von ohnmächtiger Wut.
Weil ich glaube, daß du nicht auf einem hohen Niveau lebst.
Weil ich es nicht akzeptieren kann, daß du so lala lebst.

Jetzt, wo wir uns seit so vielen Seiten kennen, jetzt, wo unsere Freundschaft so viel größer, schöner und inniger ist, habe ich eine Mordslust, zu wissen und zu fühlen, daß du glücklich bist.

Lebe!
Lebe besser! .... Lebe erfüllter! ...... Lebe mehr! ......

Nein. Du kannst nicht. Du darfst nicht weiter so vor dich hin leben, wie du es in diesem Abschnitt deines Lebens tust.

Nein. Du kannst nicht. Du darfst nicht etwas so Ungeheures und Wunderbares wie das Leben zu etwas leidlich Erträglichem verkommen lassen: Dein eigenes Leben.

Ich habe gerade große Lust, dort bei dir zu sein. Ich möchte aus diesen Tintenfleckchen hier heraussteigen können, um dich kräftig zu umarmen. Ich möchte dich fest an mich drücken, so fest, daß ich dir all meine innere Energie, all meinen grenzenlosen guten Willen, mein ganzes Ich schenken möchte.

Los!.......Wer auch immer du sein magst. Wo auch immer du sein magst. Wie alt du auch sein magst. Los! Komm! Los!

Ich habe es geschafft, aus meinem Leben etwas Wunderbares zu machen. Auch du wirst es schaffen. Es ist nicht schwierig. Man muß es nur anpacken.

Auf! Reiß dich zusammen! Alle Kraft voraus!
Leide, wenn es notwendig ist!..... Weine, wenn du mußt!..... Sei verzweifelt, wenn es nicht anders geht!.... Aber tu' etwas!

Laß' es nicht zu, daß Gewohnheiten, Trägheit und Ängste die Herrschaft über dein Leben gewinnen.
Laß' es nicht zu, daß der (psychische) Tod über dich siegt.

Aber was tu' ich denn da?
Ich wollte dir Gelassenheit und Freude bringen. Und statt dessen teile ich meine Wut mit dir.

Soll ich dieses Blatt herausreißen oder soll ich nicht?
Ja. Ich reiße es heraus..... Nein. Ich reiße es nicht heraus.
Ich überwinde meine Angst, dir nicht nützlich zu sein, und ich beschließe, es in das Buch aufzunehmen.

Ja, ich empfinde Ärger, Zorn, Wut. Ohnmächtige Wut. Für dich und für all unsere Brüder, die schlecht leben, die ein armseliges Leben führen, die sich in ihrem Leben kasteien.

Wie sonderbar!
Ich empfinde Wut, aber bin nicht wütend:
Weder über dich, noch über unsere Brüder, noch mich selbst.

Ich denke gerade, daß es schön ist, Wut zu empfinden. Ich bin ein Mensch. Warum sollte ich sie nicht haben?

Jetzt eben spüre ich etwas Neues, Schönes. Ja, ich freue mich über meine Wut, meine gesunde Wut, meine wunderschöne Wut.

Es ist wunderbar, ich schwör's dir. Es ist phantastisch.

Sich über seine eigene Wut freuen. Na so etwas!

Ich hätte es nie für möglich gehalten.

Und doch ist es wahr, wirklich wahr. Ich kann mich über meine Wut freuen.

Auch du kannst es. Es ist gar nicht schwierig.

Wenn man es versteht, sich zu freuen, kann man sich über alles freuen.

Nun habe ich freilich ein ungutes Gefühl in der Magengegend. Ich denke an die Millionen unserer Brüder, denen es nicht einmal gelingen will, sich selbst über ihre schönsten Gefühle zu freuen.

Da kommt mir ein Zweifel. Ich könnte mir denken, daß du es nicht schaffst, diese meine Seelenzustände zu erfassen, mir diese meine Gefühle 'nachzufühlen', mein Tiefinnerstes wahrzunehmen.

Unwichtig!

Ich will gar nicht die Gewißheit haben, daß diese meine Kommunikation für etwas oder jemanden gut ist.

Ich will gar nicht wissen, ob du irgendeine Spur von meinem Herzen in das deine legst.

Ich weiß nur, daß ich mich glücklich fühle, mit dir zu kommunizieren.

Ich weiß nur, daß ich dich gern habe.

Willst du etwas Gescheites tun?
Schreib' auf ein kleines Blatt Papier folgendes: "*Ich muß mehr in der Gegenwart leben.*"
Dann leg' es in deine Brieftasche, so daß du es jedesmal lesen mußt, wenn du Geld herausnimmst.

SICH MEHR FREUEN

Das Leben und die Kunst

Vielleicht hast auch du in deinem Leben viele Vergnügungen erlebt, wie köstliche Speisen zu essen, erstklassige Weine zu trinken, die Liebe auszukosten, Reisen in exotische Länder zu machen, Ansehen und Wertschätzung zu genießen; aber hast du jemals das phantastische Vergnügen verspürt, Arm in Arm mit der Phantasie spazierenzugehen? Den Wind zu umarmen und an dich zu drücken? Dich an den Farben einer Blume zu berauschen? Mit dem Schnee Bilder zu 'malen'?

Vielleicht hast auch du in deinem Leben so viele aufregende Dinge erlebt, so viele Gefühle kennengelernt und so viele Eindrücke gesammelt, aber hast du jemals das phantastische Vergnügen verspürt, auf den Wiesen mit dem Gedanken Fangen zu spielen? Die Stimme des Schweigens in einem Wald zu vernehmen? Die Kunst zu 'erfühlen', wenn du ein Gemälde betrachtest? In Ekstase zu geraten beim Hören einer Symphonie?

Und hast du es je ausprobiert, an dir selbst Freude zu empfinden? ...
An deiner Zufriedenheit? Aber auch an deiner Traurigkeit?
An deiner ausgeglichenen Ruhe? Aber auch an deinem Gefühl der Unruhe?
An deinem Mut? Aber auch an deiner Furcht?

Glücklich zu leben ist eine Kunst.
Und es bedarf nicht der Hämmer und Meißel, noch der Leinwand und Farben, um ein meisterhaftes Leben zu schaffen.
Es genügt der Gedanke.

Und sich zu freuen ist die schönste, die prächtigste, die zauberhafteste Weise des Gedankens, sich auszudrücken.

Die Freuden des Lebens sind unsichtbar für den,
der in seiner Seele blind ist.

Das Vergnügen und die Freude

Damit unser Körper gut versorgt ist, brauchen wir Menschen 3000 Kalorien am Tag.
Wenn unser Körper einige Zeit lang diese Kalorien nicht erhält, wird er schwach ... und fällt leicht Krankheiten zum Opfer. Dasselbe gilt für unser psychisches Wohlergehen. Wir haben Tag für Tag Bedarf an einer hübschen Menge an 'Psychokalorien'. Andernfalls werden wir schwach und fallen leicht psychologischen Krankheiten zum Opfer: Vor allen anderen dem Gefühl, unglücklich zu sein.

Wenn wir Menschen Nahrung brauchen, gehen wir zum Supermarkt, kaufen unsere Lebensmittel, und alles ist in Ordnung.
Aber wenn wir unsere Psyche ernähren müssen, wie sollen wir es machen?

Die 'Psychokalorien' sind sicherlich nicht im Supermarkt erhältlich, noch wachsen sie auf den Bäumen. Diese müssen wir schon selbst erzeugen.

Die wichtigsten Erzeuger von 'Psychokalorien' sind: Das Vergnügen und die Freude.

 # Das Vergnügen.

Das Vergnügen ist das Gefühl geistigen Wohlbefindens, welches durch die Befriedigung wirtschaftlicher, physischer, gefühlsmäßiger, psychischer und gesellschaftlicher Bedürfnisse erzeugt wird.

Du empfindest beispielsweise Vergnügen, wenn du Geld gewinnst, oder ein wertvolles Geschenk erhältst, oder in den Besitz von Gütern kommst ...

... und du findest es vergnüglich, schön zu speisen, oder einen guten Wein zu trinken, oder die Freuden der Liebe zu genießen,

... es gefällt dir, mit jemandem zusammen zu leben, der dich mag, der dir Gesellschaft leistet, dir Sicherheit bietet, dir in schweren Momenten nahe ist, dich pflegt, wenn du krank bist, dir beisteht, an dir Interesse hat ...

... es macht dir Spaß, ein modisch aktuelles Kleidungsstück anzuziehen, oder stolz ein Wertstück aus deinem Besitz zu zeigen (weil du die Bewunderung der anderen fühlst).

Kurz, das Vergnügen ist mit dem Gewinn verbunden, mit dem Vorteil (in materieller, gefühlsmäßiger, psychologischer oder gesellschaftlicher Hinsicht).

Die Haupteigenschaft des Vergnügens ist seine kurze Dauer, bzw. sein Nachlassen im Lauf der Zeit. Ich will mich klarer ausdrücken.

Wenn wir einen Gewinn oder einen Vorteil erlangen, verspüren wir tatsächlich ein ausgesprochenes Vergnügen. Es läßt dann in seiner Intensität nach, bis es schließlich ganz verschwindet.
Aus diesem Grund **ist ein Mensch, der seine psychische Nahrung aus dem Vergnügen bezieht, gezwungen, immer mehr Geld zu haben, um mehr Dinge zu kaufen und aus deren Verbrauch Vergnügen zu empfinden.**

 # Die Freude.

Die Freude ist, im Gegensatz zum Vergnügen, jenes Gefühl geistigen Wohlbefindens, das auf der Befriedigung 'gedanklicher' Bedürfnisse beruht: Des Bedürfnisses,
zu erkennen
zu verstehen
kreativ zu sein
zu lieben
das Schöne wahrzunehmen.

Die Freude, im Unterschied zum Vergnügen, ist an keinerlei Gewinn oder Vorteil gebunden.

Ich will es dir besser erklären.
Wählen wir das Beispiel des Erkennens.

Wenn du dich für Edelsteine interessierst, weil du dich mit ihrem Kauf auskennen möchtest oder weil, wenn du sie an dir trägst, die anderen dich mehr schätzen, macht dir das Vergnügen. (Weil deine Tätigkeit einen Gewinn zum Ziel hat).
Wenn du dich hingegen für Edelsteine interessierst, weil du es schön findest, ihre originellen Formen und ihre wunderbaren Farben zu betrachten, dann empfindest du Freude.

Ist dir der Unterschied ganz klargeworden?

Ich will dir noch ein Beispiel machen.
Wählen wir das Beispiel der Liebe.

Du empfindest Freude, wenn du etwas oder jemanden liebst, ohne daß deine Liebe dir Vorteile verschafft. Du liebst ganz einfach, weil es schön ist, zu lieben.

Wenn du die Blumen auf deinem Balkon liebst, weil du ihretwegen die Bewunderung deiner Gäste erntest, empfindest du Vergnügen. Wenn du sie jedoch liebst (und pflegst), weil es für dich schön ist, ihre außergewöhnlichen Formen und herrlichen Farben zu betrachten, dann ist es Freude, was du empfindest.

Und jetzt mache ich dir nochmal ein Beispiel.
Wählen wir die Kreativität.

Der Töpfer, der den Ton bearbeitet, hat Vergnügen an seiner Arbeit, weil er an den Verdienst denkt, den er aus dem Verkauf seiner Produkte ziehen wird.
Ein Kind dagegen, das mit Plastilin spielt, empfindet Freude, weil es an keinerlei Art von Gewinn denkt. Es modelliert das Plastilin, weil es dies als schön empfindet. Es hat Freude an dem Material, weil es weich, formbar, geschmeidig ist.
Das Kind verschmilzt sozusagen mit dem Plastilin, in einer wunderschönen Beziehung jenseits von 'Wie' und 'Weil', von Raum und Zeit. Weil es selbst Materie ist, ebenso wie das Plastilin.

So ist es mit allen Dingen.
Wenn es einem glückt, die phantastische Dimension zu erreichen, in der man fühlt, daß der Geist unbeschwert und das Herz jung ist und die Seele durch die Luft schwirrt, dann verspürt man die reine Freude.
Und wenn man oft die Freude spürt, wird das Leben schön.

Die Freude, welche man beim Prozeß des Erkennens empfindet, wiegt viel mehr als bereits gewonnene Erkenntnis.
Die Freude, welche man erfährt, während man gut handelt, gilt viel mehr als das, was man realisiert.

Haben, Sein und die Freude

Vielleicht hast auch du einen großen Teil deiner psychischen Ernährung aus dem auf Besitz basierenden Vergnügen bezogen.
Aber um zu haben, mußt du verdienen ... und um zu verdienen, mußt du deine Zeit 'verkaufen', deine Intelligenz, deine Freiheit.

Aber es gibt mehr ...
Nicht alles, was dem 'Haben' dient, kannst du kaufen.
Die Zuneigung mußt du von anderen erhalten.
Die Gesellschaft mußt du von anderen erhalten.
Das Ansehen mußt du von anderen erhalten.
Die körperliche Liebe mußt du von anderen bekommen.
Und die anderen sind nicht immer bereit, dir zu geben, was du brauchst.
Oder, wenn sie es dir geben, wollen sie etwas dafür, vielleicht mehr, als sie dir geben.
Und so ist dein Rennen nach dem Glück der Vergnügungen gespickt mit Hindernissen.
Und es fällt dir immer schwerer, dich in dem komplizierten Labyrinth des Lebens zurechtzufinden..

Aber nicht nur das ...
Man muß noch hinzufügen, daß du, um zu haben (Geld, Wertschätzung, Ansehen), schön langsam, ohne es zu merken, deine Persönlichkeit verfälschst.
Und was da noch mehr an psychologischen Problemen ist.

Es gibt jedoch einen anderen Weg, um deinen Bedarf an 'Psychokalorien' zu decken. Er ist einfacher als der des 'Habens', er verlangt keine Gegenleistung ... und läßt deine Persönlichkeit ungeschoren: Dich zu freuen.

Die Freude hängt nicht von dem ab, was du hast, sondern von dem, was du bist, und nicht von den anderen, sondern von dir.

Freude kannst du in jedem beliebigen Augenblick empfinden, ohne einen Pfennig auszugeben, ohne irgendwen um irgendwas zu bitten. Du brauchst lediglich zu lernen, zu schauen, zuzuhören, Dinge oder Personen zu würdigen, kreativ zu sein, dem Schönen aufgeschlossen zu sein, echt und wirklich zu lieben.

Du mußt ganz sicher dafür sorgen, daß deinem Denken und Handeln vor allem 'gedankliche' und nicht materielle Motive zugrunde liegen.

Am Anfang wirst du einige Probleme haben. Dann, im Lauf der Zeit, wird sich in dir das Gefühl für die Freude entwickeln, du wirst dich daran gewöhnen, dich zu freuen,
und es wird dir ganz wenig genügen, um Freude zu empfinden,
und wenn du dich über wenig zu freuen vermagst, wird ganz viel passieren müssen, damit du traurig wirst.

Möchtest du lernen, dich zu freuen?
Mach' es so:

Wenn du etwas betrachtest, tu' es mit klaren Augen und unbeschwertem Geist.
Denk' nicht an seine Nützlichkeit, an seinen wirtschaftlichen, gesellschaftlichen oder gefühlsmäßigen Wert. Konzentriere dich vielmehr auf seine innere Schönheit, seine natürlichen Qualitäten.

Eine Wolke (beispielsweise) , die vom Wind getrieben wird, hat keinerlei Wert, wenn du sie unter dem Gesichtspunkt des Vergnügens betrachtest, siehst du sie jedoch mit den Augen der Freude, hat sie einen großen Wert.

Da wirst du tausend Dinge finden, um dich an ihnen zu berauschen ...

... ihre Luftigkeit, die dir einen Hauch von Leichtigkeit schenkt ...

... ihre Form, die dich, vor dem Hintergrund des blauen Himmels, phantastische Bilder 'malen' läßt ...

... daß sie fortwährend, in jedem Augenblick ihre Form ändert und dir so den Eindruck von Bewegung, Dynamik, Leben vermittelt.

Hast du gesehen, wie viele schöne Empfindungen du haben kannst, während du eine Wolke beobachtest? Du kannst Freude volltanken und minutenlang in Begleitung des Glücks reisen. Wenn du die Wolke jedoch siehst und denkst, daß sie dir die Sonne verdunkelt oder Regen bringt, dann freilich ist alles beim Teufel.

Und so ist es mit allen Dingen.

An einem Baum ist nichts Besonderes, wenn du ihn unter dem Gesichtspunkt des Vergnügens betrachtest. Indessen besitzt er Schönheit im Überfluß, wenn du ihn mit den Augen der Freude siehst ...

... seine geschwungenen Äste, die sich in der Luft festklammern,

... das Wogen seines Wipfels, über den der Wind streicht,

... die Rostfarbe seiner Herbstblätter.

All das, ist es nicht eine wunderbare Symphonie der Natur?

Ist das nicht ein Meer von Freude?

Du, hast du je einen Kirschbaum voll von roten Kirschen gesehen?
Es ist eine grenzenlose Quelle der Freude, ein Meisterstück der Natur:
Einmalig, großartig, unnachahmlich.

Weißt du aber, was den Menschen einfällt angesichts eines Kirschbaums?
Sie machen sich daran, die Kirschen abzurupfen.

Und weißt du, was sie tun?
Sie essen sie! Sie e s s e n sie, hörst du!
Ist das nicht schrecklich!?

Welch' eine großartige Gelegenheit zu versäumen bedeutet es, nicht mindestens eine Stunde vor solch einem Kirschbaum zu verbringen!
Welch' eine Beleidigung für die Göttin der Schönheit, Kirschen von einem Kirschbaum zu pflücken!

Aber jetzt, sag' mir mal ...
Hast du je versucht, auf einen Baum zu klettern
und dich zwischen den Blättern zu verstecken?
Und das Gezwitscher der Spatzen so zu hören, wie er es hört?
Und das Flüstern des Windes so zu vernehmen, wie er es vernimmt?
Und das Peitschen des Regens auf deiner Haut zu spüren, so wie er es spürt?
Bis du dich als Baum fühlst wie er?

Siehst du ...das ist die Freude.

Möchtest du lernen, dich zu freuen?
Mach' es so:

Wenn du ein Tier siehst, sieh' es in seinem Wesen als Tier, nicht im Vergleich mit dir selbst.

Ein Hund zum Beispiel ist nicht deshalb schön, weil

er dich bewacht oder weil er dir Gesellschaft leistet, sondern weil er ein Hund ist.

Welches sind seine natürlichen Merkmale, über die man sich freuen kann?
Sein Körperbau als Hund, sein Hundegesicht, seine Hundeohren, sein Schwanzwedeln - typisch Hund, seine Weise, zu rennen, wie eben Hunde rennen, seine Art, eine Spur zu verfolgen, als ob er vor seiner Schnauze eine meterlange Nase hätte.

Eine Katze ist nicht deshalb schön, weil sie dir Gesellschaft leistet oder weil es dir Vergnügen bereitet, wenn du ihr weiches Fell kraulst, sondern wegen ihrer besonderen Eigenschaften als Katze.
Ihrer Beweglichkeit, zum Beispiel.
Es ist wirklich eine Freude, sie zu beobachten, wie elegant sie auf einen Baum oder auf ein Dach klettert.

Und die Spinne?
Was fangen wir mit der Spinne an?

Du hast keine Ahnung, wie intelligent die Spinne ist.
Du weißt nicht, welch eine Meisterleistung an Ingenieurtechnik ihr Netz ist. Wie anmutig ihre Bewegungen sind. Und wie groß ihre Schlauheit.

Weißt du, warum Millionen von Menschen sich so wenig glücklich fühlen?
Weil sie, sobald sie Tiere sehen, entweder an ihre Nützlichkeit denken, oder an eine Gefahr, die sie darstellen könnten. Sie betrachten beispielsweise die Spinne als etwas, vor dem man sich zu hüten hat oder das man umbringen muß.

Ganz verkehrt!
Die Spinnen sind wunderschön ... und mindestens die Hausspinnen tun niemandem etwas zuleide.

Die Spinnen können unendlich viel Freude erzeugen. Aber die Menschen gehen ihnen aus dem Weg oder töten sie.
Die Armen! (Nicht die Spinnen, sondern die Menschen).

Willst du glücklich leben?
Lerne dich zu freuen.

Es ist leicht, du wirst sehen.
Du mußt lediglich in deinem Kopf den Grundsatz fest verankern, daß die Freude nicht vom 'Haben' oder von den anderen Menschen oder von glücklichen Umständen abhängt ..... sondern von dir.
Dann kannst du dich freuen, wann du willst, wie du willst, worüber du willst: Auch über dich selbst, ja, über dich selbst.

Wie das gehen soll?
Begib' dich in Gedanken einige Meter über dich und beobachte dich.

Wenn du dich unter dem Aspekt des Vergnügens ansiehst, hast du nichts gemein mit Leonardo, Michelangelo, Einstein. Betrachtest du dich aber mit den Augen der Freude, bist du wie sie.
Wie sie hast auch du sehr gute, großartige, wunderbare Eigenschaften: Die Fähigkeit zu denken, zu verstehen, zu lachen, zu weinen, dich zu freuen, zu leiden.

Freue dich also über all deine hervorragenden Eigenschaften: Deine Schönheit, zum Beispiel.

Vielleicht freust du dich gar nicht über diesen deinen positiven Zug, weil du nicht glaubst, ein besonders schöner Mensch zu sein?

Da irrst du dich gewaltig.
Du hast die Schönheit in dir. Du bist das Schönste auf der Welt.

Wie kommst du dazu, etwas nicht für schön zu halten, was in der Lage ist, zu denken, zu verstehen, etwas zu schaffen, zu lieben!?

Du bist nicht dein Körper (dein Brustkorb, deine Arme, deine Beine und so fort).

Du bist ein Gedanke: Das schönste im ganzen Universum.

Wie kommst du dazu, dich deiner selbst nicht zu freuen!?

Vielleicht ist in diesem Moment deines Lebens deine psychische Schönheit nicht gerade auf dem Höhepunkt.

Macht gar nichts.

Auch wenn dich das Leben häßlich gemacht hat, auch wenn dein psychisches Gesicht tausend Narben davongetragen hat, trägst du doch noch immer eine immense Schönheit in dir: Denn du bist fähig, Gefühle zu haben, innere Bewegung und Eindrücke zu empfinden, und dich mit anderen Gedanken in Verbindung zu setzen: Gerade so, wie du es im Moment mit mir tust (indem du diese Tintenfleckchen liest, welche die Menschen Worte nennen).

Freue dich also an dir selbst!
Und freue dich an den Tieren.
Und freue dich an den Bäumen.
Und freue dich über alle Dinge.
Und freue dich über alles und alle.
Und freue dich oft.

Wenn es dir glückt, dich für die Freude empfänglich zu machen, wird es dir jeden Tag gelingen, viel Freude in dein Herz zu legen.

Und die Empfindung, nicht recht glücklich zu sein, wird aus deinem Sinn verschwinden.

Und es wird eine Freude sein, zu leben.

Wer den Frühling im Herzen hat,
braucht nicht auf die Schwalben zu warten,
um ihn zu feiern.

Glück und Freude

Unser Geist vermag all unsere daseinsmäßigen Probleme zu lösen.
Dank ihm können wir reich werden, angesehen und mächtig, können uns mit Menschen umgeben, die uns sehr mögen, können hundert Jahre alt werden. Aber wenn wir es unserem Geist nicht ermöglichen, sich oft zu freuen, werden wir niemals das wichtigste Problem unseres Lebens lösen: Glücklich zu sein.

Es gibt keinen Zweifel ...

Je mehr es einem gelingt, sich zu freuen, desto glücklicher fühlt man sich. Je weniger es einem gelingt, desto weniger glücklich fühlt man sich.

Vielleicht wirst du denken:

"Aber was sagt dieser Omar da.
Was hat die Freude mit meinem Glück zu tun?
Mein Leben ist wenig glücklich, weil ich einige Probleme habe. Aber kaum werde ich diese beseitigt haben, verschwindet auch mein Gefühl, wenig glücklich zu sein.
Die Freude kann meine Schwierigkeiten sicher nicht lösen."

Da irrst du dich sehr.

Versuch' mal die Leute zu fragen, welche die Probleme gelöst haben, die (ihrer Meinung nach) der Grund dafür waren, daß sie nicht sehr glücklich waren.

Sie werden dir antworten, sie hätten sich eine Weile glücklich gefühlt, dann aber sei ihre Grundeinstellung wieder so grau gewesen wie vorher. Sie nahmen also an, daß ihr Zustand von einem anderen Problem abhing ... und haben sich bemüht, es zu lösen. Sie haben es gelöst ... aber ihr Glück war von kurzer Dauer, weil es da ein neues Problem gab .... und so fort.

Vielleicht passiert auch dir Ähnliches. Vielleicht bist auch du so ein 'Hürdenläufer des Lebens'. Du überwindest ein Hindernis in der Überzeugung, es sei das letzte, statt dessen stellt sich dir ein neues in den Weg. Du springst auch darüber hinweg, aber da gibt es schon wieder ein weiteres.
Da denkst du: *"Gut. Da gibt es eben mehr Hindernisse, als ich dachte. Aber im Ziel müssen sie ja wohl zu Ende sein."*

Weit gefehlt.
Denn im Leben gibt es kein Ziel zu erreichen.

Das Leben muß man leben, während man lebt.
Und wenn man rennt, lebt man eben, während man am Rennen ist.
Und wenn man hinfällt, lebt man auch, während man am Boden liegt.

Denk' oft folgendes:

– Ich darf nicht so lange damit warten, mein Leben zu genießen, bis ich meine Probleme gelöst habe!

Ich lege dir ans Herz:
Lerne, dich zu freuen ... und freue dich so oft wie möglich ... auch wenn du tausend Probleme hast!

Riskiere es nicht, dir mit Schrecken darüber klar zu werden (wie es schon so vielen ergangen ist), daß du nicht gelebt hast, wenn du sterben mußt.
Warte nicht auf bessere Momente, um anzufangen, zu leben. Jetzt mußt du leben.

Und leben heißt vor allen Dingen, sich zu freuen.

Wer die Freuden des Geistes vervielfacht,
teilt die Schmerzen des Körpers.

Denk' daran:

UM GLÜCKLICH ZU LEBEN,
MUSS ICH MICH MEHR FREUEN.

Heute hat mich mein boshafter kleiner Geist angerufen und gesagt: *"Es ist sinnlos, Omar, daß du dich abmühst, deinen Leser daran zu erinnern, sich die Konzepte dieses Buches gut zu merken, da sie ihm helfen, glücklich zu leben. Er tut's ja doch nicht.*
Hast du seine Trägheit vergessen?"
Ich bitte dich, straf' ihn Lügen!
Kopier' dir die Sätze aus diesem Buch, die du für am wichtigsten hältst, um besser zu leben, und hänge sie dir auf, wo du sie gut sehen kannst, in deiner Wohnung, am Arbeitsplatz, im Auto und so fort.

DIREKT KOMMUNIZIEREN

Das Buch ist zu Ende, und wir müssen auseinandergehen.
Er war schön, die ganze Zeit mit dir zusammen zu sein, während du mich gelesen hast. Es war schön, mit dir zu kommunizieren.

Vielleicht hast du meine Seele noch nicht ganz erfaßt, während du dies Buch gelesen hast?
Spielt keine Rolle. Es wird dir gelingen, wenn du es zum zweiten Mal liest.
Denn du wirst es lesen, oder?
Weil du verstanden hast, daß es wichtig ist, es noch einmal zu lesen, nicht?

Es ist schön gewesen, mit dir mittels dieser Stücke von Materie zu kommunizieren, welche die Menschen Papier nennen.

Es ist schön gewesen, zu wissen, daß wir, während du die Tintenfleckchen lasest, die meine Seele übersetzt haben, beisammen waren wie zwei alte Freunde.

Ob du es glaubst oder nicht, ich war die ganze Zeit, während ich das Buch geschrieben habe, mit dir zusammen. Du saßest vor mir ...und ich sprach mit dir ...und ich schaute dir in die Augen.

Ob du es glaubst oder nicht, ich habe mich, während ich diese Buch schrieb, an dich gewendet wie an einen engen Freund, einen Bruder, oder an mich selbst.
Und ich habe vor allem daran gedacht, dir meine Seele zu übertragen.

Wenn du ein wenig mit mir zusammen sein willst, nimm' mich und lies mich. Und während du das tust, denke daran, daß ich dich gern habe.

Auf all den Seiten dieses Buches habe ich alles Erdenkliche erfunden, um zu versuchen, deine schlechtere Hälfte zu schwächen und deine bessere zu stärken. Und du ahnst es nicht, wieviel Mühe es mich gekostet hat.
Weil ich dich mag.

Sicherlich, ich bin nicht mehr als ein Gedanke: Etwas, was man nicht sehen, nicht hören, nicht anfassen kann,
aber ich mag dich.

Schau, wir Gedanken leben in der Welt des Seins; und in dieser Welt sind wir alle Brüder, und wir mögen uns alle. Die Körper sind es, in die wir eingesperrt sind und die mit ihren Ängsten und ihren Befürchtungen es uns nicht erlauben, unsere Fähigkeiten auszudrücken. Aber wir müssen stark sein und uns zwingen, Ängste und Befürchtungen zu überwinden, und in die Welt hinaus auf Abenteuer ausgehen,
und uns entwickeln,
und uns freuen,
und kreativ sein
und lieben.

Während meines Kommunizierens mit dir, an den vielen wunderschönen Orten, an die ich mich begeben habe, um dieses Buch zu schreiben, während mein alter Füllfederhalter über einige Stücke Materie tanzte, das die Menschen Blätter nennen ..... hätte ich dich auch persönlich gerne neben mir gehabt ...
um dir in die Augen zu schauen,
um deine Stimme zu hören,

um dich umarmen zu können ...
und dich mit meiner Lebensfreude zu überschütten ...
und dich mit ihr anzustecken ...
und sie dir in Mark und Bein, ins Herz und in den Sinn eindringen zu lassen ...
so daß sie dich nie mehr verlassen hätte ...

Wer weiß, ob du ein wenig davon gemerkt hast, während ich sie dir übertragen habe! Wer weiß, ob ein paar Krumen davon in deinem Herzen verblieben sind!

In diesem Moment glaube ich, es ist dumm von mir, dir diese Worte zu sagen. Mir kommt der Verdacht, daß sie dir unverständlich, sonderbar, absurd erscheinen könnten. Aber das ist mir nicht wichtig. Ich fühle sie, und ich will sie dir sagen.
Zum Teufel mit meinem kleinen boshaften Geist, der meine Spontaneität blockieren möchte.

Ich hab' dich gern, und ich will es dir sagen.
Ich liebe dich wie das Meer. Nein, das genügt nicht, wie die Sonne. Nein, noch mehr, wie den Himmel, wie das Universum.

Es ist wunderschön, zu spüren, daß man jemanden gern hat, auch ohne sein Gesicht zu sehen.
Es ist wunderschön, zu fühlen, daß man jemanden gern hat, auch ohne daß man mit ihm sprechen kann.
Es ist wunderbar, das Gefühl des Gernhabens zu empfinden, einfach so, um sich darüber zu freuen.
Wunderschön! Phantastisch! Herrlich!

Ich lasse dich mit meinem Herzen daran teilnehmen, das mir vor Freude zerspringen will, und in der Hoffnung, daß auch du häufig diese strahlend azurblauen geistigen Erscheinungen wahrnehmen wirst, die mir sehr oft begegnen.

Warte einen Moment!
Ich muß dir noch etwas sagen oder vielmehr, dich um etwas bitten.

Hat dir dieses Buch gefallen? Hat es dir einige Augenblicke der Heiterkeit geschenkt? Hat es dir geholfen, dich selbst zu verstehen und, vielleicht, ein bißchen glücklicher zu leben?
Ja!?

Würdest du mir das mitteilen?
Schick' mir an die unten angegebene Adresse eine Ansichtskarte mit nur einem Wort darauf: 'Ciao' .
Es wäre die schönste Belohnung für meine Bemühungen.

Edizioni *ESSERE FELICI*
Via Mario Greco, 159; 88100 Catanzaro - Italy